ARVED FUCHS

Grenzen sprengen

Erfahrungen aus Extremsituationen erfolgreich nutzen

Delius Klasing Verlag

Für Brigitte

Bibliografische Information Der Deutschen Bibliothek
Die Deutsche Bibliothek verzeichnet diese Publikation in der
Deutschen Nationalbibliografie; detaillierte bibliografische
Daten sind im Internet über »http://dnb.ddb.de« abrufbar.

2. Auflage
ISBN 3-7688-1576-5
© by Delius, Klasing & Co. KG, Bielefeld

Fotos: Archiv Arved Fuchs: Umschlag Vor- und Rückseite,
6/7, 10, 11, 14/15, 44/45, 64/65, 73, 78, 80/81, 88, 89/90, 95, 104,
106, 112, 118, 124/125, 128, 176/177, 188/189, 204, 210, 214/215
Pablo Besser: 22
Brigitte Ellerbrock: 13
Arved Fuchs: 18/19, 20, 23, 31, 33, 50, 53, 54, 57, 59, 69,
70, 74, 77, 83, 84, 87, 97, 98, 102, 107/108, 114/115, 121, 131,
138/139, 142/143, 146, 147, 173, 179, 182, 192, 195, 196
Till Gottbrath: 16, 17, 21, 167
Günter Grabe: 35
Peter Hasenjäger: 56
Torsten Heller: 9, 28/29, 32, 36, 39, 40, 134, 154/155,
156, 160, 164/165, 171, 200/201, 203, 208/209, 213
Peter Lechart: 60
Jeff Scott: 185
Layout: Gabriele Engel
Druck: Kunst- und Werbedruck, Bad Oeynhausen
Printed in Germany 2005

Alle Rechte vorbehalten! Ohne ausdrückliche Erlaubnis
des Verlages darf das Werk, auch nicht Teile daraus, weder
reproduziert, übertragen noch kopiert werden, wie z. B.
manuell oder mithilfe elektronischer und mechanischer
Systeme inklusive Fotokopieren, Bandaufzeichnung und
Datenspeicherung.

Delius Klasing Verlag, Siekerwall 21, D - 33602 Bielefeld
Tel.: 0521/559-0, Fax: 0521/559-115
E-Mail: info@delius-klasing.de
www.delius-klasing.de

Inhalt

Einleitung 6

Welten entdecken 14

Expedition als Projektmanagement 28

Der Weg 44

Aus Misserfolgen lernen 64

Alleingang 80

Gutes Team – schlechtes Team 90

Eitelkeiten und Individualismus 108

Führungsqualitäten 124

Die Qualität einer Entscheidung und ihre Folgen 142

Blockade und Kreativität 154

Vertrauen schaffen – Vertrauen leben 164

Von der Bereitschaft umzudenken und
sich auf veränderte Situationen einzustellen 176

Wenn es scheinbar keinen Ausweg mehr gibt 188

Motive – Sorgen – Erwartungen 200

Erfolg ist eine Reise – kein Ziel! 208

Anstelle eines Nachwortes 214

Literatur 216

Einleitung

Einleitung

Vor einigen Jahren erhielt ich von einer Agentur die Anfrage, ob ich bereit wäre, anlässlich einer Tagung von Führungskräften aus der Wirtschaft einen Vortrag zum Thema »Grenzen sprengen« zu halten. Mir war am Anfang nicht ganz klar, was gemeint war. Die Erläuterung, die daraufhin folgte, brachte etwas Licht ins Dunkel:
»Herr Fuchs, Sie haben doch Ihr Leben seit mehr als zwanzig Jahren erfolgreich als ein permanentes Abenteuer organisiert und praktiziert. Sie haben vor und während Ihrer Expeditionen lebenswichtige Entscheidungen treffen und in ungewohnter Umgebung Herausforderungen annehmen und bewältigen müssen. Das wird einem schließlich nicht in die Wiege gelegt. Sie mussten und müssen immer wieder Entscheidungen treffen, die maßgeblich ihre Sicherheit und die ihres Teams betreffen. Wie gehen Sie um mit Ängsten, nach welchen Kriterien entscheiden Sie, wie motivieren Sie sich und Ihr Team? Sie sind gewiss immer wieder an Grenzen gestoßen, die Sie überwinden mussten, ansonsten wären Sie nicht dort, wo sie heute stehen. Kurzum, es geht uns um einen Erfahrungstransfer.«
Ich bat mir etwas Bedenkzeit aus und begann zu grübeln. Ich hege ein starkes Misstrauen gegen all jene, die mit missionarischem Eifer und dem Glorienschein der vermeintlichen Allwissenheit alle Welt glauben machen wollen, dass sie allein wüssten, wie der Weg zum Erfolg, zum glücklichen Leben und zur Lösung aller Probleme aussieht. Wenn das so einfach wäre!
Im Hinblick auf eine verlockende Gage auf diesen fahrenden Zug aufzuspringen und mit salbungsvollen Worten Erfolg und Glückseligkeit zu predigen, wäre mir zu öde und zu verfänglich gewesen. Ich bin kein Messias! Das konnte es also nicht sein.
Aber je länger ich darüber nachdachte, desto klarer wurde mir, dass ich nach hiesigen Maßstäben durchaus einen ungewöhnlichen Werdegang durchlaufen habe und dabei natürlich immer wieder Grenzen überwinden musste. Der Begriff »Aussteiger« wurde wie eine verbale Keule gegen mich geschwungen. Dabei bin ich zu kei-

Einleitung

Vorsichtig dirigieren wir die DAGMAR AAEN durch ein Labyrinth aus Eisfeldern. Die Kursbestimmung hat hier eine besondere Qualität.

nem Zeitpunkt ausgestiegen, sondern habe mir nur die Freiheit genommen, mein Leben nach eigenen Maßgaben zu gestalten. Und wenn jemand etwas Außergewöhnliches macht, sind Einschüchterungsversuche die unvermeidliche Folge davon. Diese Erfahrung musste ich immer wieder machen. Dennoch bin ich allen Widrigkeiten zum Trotz meinen Weg gegangen und gehe ihn auch weiter. Mittlerweile mit einer Selbstverständlichkeit, als hätte es für mich nie eine andere Möglichkeit gegeben. Aber das war nicht immer so.

Einleitung

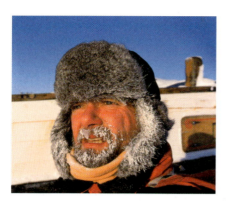

Bei – 46° C gefriert der Atem im Bart und an der Mütze. Der richtige Umgang mit der Kälte will gelernt sein.

Auch bei mir gab und gibt es Phasen des Selbstzweifels, der Ängste und der Unsicherheit. Das ist gut, und das ist wichtig so!
Die Frage ist nur, wie gehe ich damit um? Lasse ich mich davon blockieren oder nutze ich sie, um einen Schritt weiter nach vorn zu gehen? Darauf will ich versuchen Antworten zu geben.
Mein Werdegang gilt manchem kritischen Betrachter häufig als Provokation. Es kann und darf eigentlich nicht sein, dass jemand in einem Bereich erfolgreich ist, der vielen als unmöglich erscheint. »Wem nützt das denn eigentlich, was du da machst?«, ist eine häufig gestellte und gehörte Frage. Oft mit dem Wunsch formuliert, mich zu provozieren. Doch die Antwort ist denkbar einfach: Zunächst nutzt es mir. Und das, was Skeptiker gemeinhin als einen Mangel an Ernsthaftigkeit ablehnen, offenbart im Grunde genommen nur die klamme Sorge, sein eigenes Tun und Handeln hinterfragen zu müssen. Ich stelle Fragen und stelle auch vieles in Frage. Ich will nicht Werte zertrümmern, sondern eigene Vorstellungen einbringen. Ich stehe zu meinen Träumen, die für mich das Salz des Lebens und der Treibsatz für meine Projekte sind. Mit diesem Buch unternehme ich den Versuch, Antworten auf die Fragen zu geben, die mir immer wieder begegnen. Ich kann einem Banker oder einem Broker nicht sagen, wie er seine Geschäfte zu führen hat. Ich verstehe nichts davon. Aber das, was ich mache, hat im weitesten Sinne etwas mit Management unter extremen Bedingungen zu tun und unterscheidet sich insofern vielleicht doch gar nicht so sehr von ihrem Tun, wie es auf den ersten Blick scheinen mag.

Einleitung

Erstbegehung bei stürmischem Wetter und schlechter Sicht: Abstieg in die tückische und berüchtigte Failla de Reichert des patagonischen Inlandeises.

Begriffe wie »am Abgrund stehen«, oder »an einem Strang ziehen«, »orientierungslos sein« oder »wir sitzen alle in einem Boot«, auch das oft gehörte »uns steht das Wasser bis zum Hals« stammen ursächlich aus der Expeditionssprache und finden ihre Anwendung dennoch ebenso im Unternehmensalltag. Auf Expeditionen beschreiben sie eine reale Situation – im Unternehmensbereich kommt ihnen eine symbolische Bedeutung zu. In beiden Fällen bedeuten sie »Gefahr« (am Abgrund stehen) oder aber die Aufforderung zur Teamarbeit (gemeinsam an einem Strang ziehen). Hierin liegen die Gemeinsamkeiten. Beide wollen wir erfolgreich sein – der Banker oder der Manager wie auch ich. Bei meinen Expeditionen haben Erfolg oder Misserfolg zudem eine besondere Qualität: Erfolg bedeutet zugleich Sicherheit, Misserfolg hingegen möglicherweise auch Gefahr für Leib und

Einleitung

800 Kilometer weit ziehe ich meinen Schlitten entlang der einsamen Küste Ostgrönlands.

Leben. In beiden Fällen jedoch gilt: Erfolg haben bringt Spaß, und die Mechanismen, die zum Erfolg oder Misserfolg führen, sind hier wie da meist die gleichen. Auch ich bin erfolgreich gewesen und auch ich bin gescheitert. Ich kann berichten und vermitteln, wie ich jene Grenzen sprenge, die in mir stecken oder die sich mir im Alltag oder auf Expeditionen in den Weg stellen. Was ich jedoch nicht kann, ist meine Erfahrungen eins zu eins auf andere zu übertragen. Eine Anleitung, was jemand wann tun muss, um ein bestimmtes Problem zu lösen, ist dieses Buch nicht. So darf es nicht verstanden werden, sondern es soll zum Nachdenken anregen.

Damit komme ich auch schon zum ersten wesentlichen Punkt, den ich vermitteln möchte:

Die Rückschlüsse, das Denken kann und will ich niemandem abnehmen. Das muss schon jeder selber leisten.

Einleitung

◆ Ein Anstoß von außen brachte mich dazu, einen Erfahrungstransfer darüber, wie man eigene Grenzen überwindet, im Rahmen von Vorträgen und dieses Buches anzubieten – ohne dass ich Patentrezepte anzubieten hätte.

◆ Es gibt aber durchaus Parallelen zwischen meinem Alltag und denen von Managern, Angestellten, anderweitig Berufstätigen oder beispielsweise Freizeitseglern, da wir im Endeffekt stets vor ähnlichen Problemen stehen.

◆ Die Rückschlüsse aus meinen Erfahrungen ins eigene Leben zu transportieren, kann ich hingegen niemandem abnehmen.

Welten entdecken

»Der moderne Mensch wird in einem Tätigkeitstaumel gehalten, damit er nicht zum Nachdenken über den Sinn des Lebens und der Welt kommt.«
(Albert Schweitzer)

Welten entdecken

Abenteuer – man muss sich diesen Begriff auf der Zunge zergehen lassen: Es klingt fast ein wenig anrüchig, schmeckt nach Gefahren, nach Risikobereitschaft, nach Draufgängertum, nach Verantwortungslosigkeit, nach Aussteigen.

Von alledem trifft nichts auf mich zu.

Entschlossen beginnen wir den schwierigen Aufstieg zum patagonischen Inlandeis.

Wahrscheinlich bin ich deshalb im klassischen Verständnis auch gar kein Abenteurer. Abenteurer – das ist keine Berufsbezeichnung, wohl eher eine Lebensform. Das Finanzamt führt mich deshalb auch als Publizisten, was aber auch nur einen kleinen Teil meiner Tätigkeiten ausmacht. Ich bin Journalist, Fotograf, Filmemacher, Schriftsteller, Vortragsredner, Organisator und Leiter der unterschiedlichsten Expeditionen – und das schon seit 25 Jahren. In meiner Eigenschaft als Expeditionsleiter – die für mich stimmigste Berufsbezeichnung – führe ich internationale Teams, bestehend aus Frauen und Männern der unterschiedlichsten Altersgruppen, unter extremen Umständen. Das gilt sowohl für die klimatischen Rahmenbedingungen wie auch besonders für die Lebensumstände. Auf einer Expedition endet der Arbeitstag nicht um 17 Uhr. Der »Mitarbeiter« kann nicht die Tür seines Büros oder seiner Werkstatt hinter sich schließen und in eine andere, private Welt eintreten. Den Begriff »Feierabend« gibt es nicht auf einer Expedition, dort ist man ununterbrochen an

Welten entdecken

Highlights, die für alle Strapazen entschädigen: Roger Schmidt begrüßt an einem selten schönen Tag auf dem patagonischen Inlandeis die Morgensonne.

seinem Arbeitsplatz. Das völlige Fehlen von Privatsphäre, die bisweilen qualvolle Enge, das Ausgesetztsein in der Gruppe stellt höchste Anforderungen an den Einzelnen. Müdigkeit, Verzweiflung, Ängste, Sympathien und Antipathien, körperliche wie seelische Erschöpfung sind seine ständigen Begleiter. Es gibt sprachliche Barrieren und kulturelle Unterschiede im Team. Es besteht aus ausgewiesenen Individualisten, denen es im Grunde ihres Herzens schwer fällt, sich in eine Gruppe zu integrieren. Wenn sie es dennoch tun, dann müssen nicht nur die Rahmenbedingungen stimmen, sondern ich muss als Expeditionsleiter jeden Tag aufs Neue das in

Welten entdecken

mich gesetzte Vertrauen verdienen. Das Team gewährt mir einen großen Vertrauensvorschuss. Erfülle ich die Erwartungen nicht, zerfällt das Team, das Projekt und die Expedition sind gescheitert, bevor sie richtig begonnen haben.
Das ist die eine Seite des Expeditionsleiters, wie ich sie verstehe.
Die andere Seite ist weniger spektakulär. Sie spielt sich auf einer Managementebene ab, wie sie in vielen Betrieben anzutreffen ist. Ich habe ein Büro mit Mitarbeitern, in dem Projekte geplant und entwickelt werden, von wo aus Verhandlungen mit Werbepartnern, Redaktionen, Verlagen und Behörden geführt werden. Mein Tagesablauf dort ist vom Terminkalender bestimmt, von Telefonaten, Meetings, von konzentrierter Schreibtischarbeit und nach Feierabend zum Ausgleich von Sport, einem guten Restaurant, Musik, Büchern, Bildern, Freunden und

Welten entdecken

»last and certainly not least« meiner Frau. Das alles unterbrochen von bisweilen wochenlangen Vortragsreisen; jeden Tag in einer anderen Stadt, in einem anderen Hotel, mit anderen Menschen. Aber auch das mag ich. *Mit Aussteigen hat mein Leben nichts zu tun.*
Für mich hat der Begriff Abenteuer – wenn wir vorerst bei dieser Formulierung bleiben wollen – daher auch nichts mit dem bewussten »ultimativen« Kick gemein.

Abenteuer bedeutet für mich nicht Gefahrmaximierung, etwa nach dem Motto: je gefährlicher desto besser. *Denn ich bin kein Hasardeur!*
Viele Menschen nennen mich dennoch einen Abenteurer, und der eine oder andere Leser wird sich

Unterwegs zum Nordpol. Vor uns liegen 1000 Kilometer schwerstes Packeis und Temperaturen zwischen −40 und −58 °C.

fragen, worin denn möglicherweise die Gemeinsamkeiten zwischen seinem beruflichen Alltag und dem eines Abenteurers liegen. Manch einer wird sich vermutlich sogar streng dagegen verwahren, dass seine Tätigkeit als »abenteuerlich« bezeichnet wird. Aber lassen Sie es mich vorausschicken: Es gibt eine ganze Reihe von Gemeinsamkeiten. Ich werde im Verlauf des Buches immer wieder darauf zurückkommen.

Die Qualität eines Abenteuers liegt für mich in der Umsichtigkeit, mit der eine Expedition geplant ist und durchgeführt wird. Bevor ich ein neues Projekt plane, muss ich zunächst eine Standortbestimmung treffen: Wo stehe ich mit meinem Know-how? Wozu bin ich physisch und psychisch in der Lage? Und

Bizarre Eisformationen. 1995 haben wir in 42 Tagen die bis dahin längste Durchquerung des extrem schwierigen südlichen patagonischen Inlandeises durchgeführt.

Unbeirrt, aber höchst wachsam, die Gesichter gegen Kälte und UV-Strahlung mit Masken geschützt, ziehen wir unsere schweren Pulkaschlitten über das Eis.

schließlich: Kann und will ich mich überhaupt auf ein solches Abenteuer einlassen? *Der ehrliche Umgang mit sich selbst ist eine Grundvoraussetzung für Erfolg, in diesem Fall für ein überlebbares und gelungenes Abenteuer.*
Ich bin Pragmatiker. Auf der anderen Seite bin ich unkonventionell und bereit, alles über den Haufen zu werfen, wenn ich merke, dass der vorgezeichnete Weg nicht gut ist. Zwar lasse ich mich von Erfahrungen wie auch Instinkten leiten, nicht aber von fragwürdigen Dogmen.

Das Abenteuer, wie ich es verstehe, ist im weitesten Sinne eine Erlebnisreise. Ich entdecke ständig neue Welten und meine damit keineswegs die so genannten »weißen Flecken« auf der Landkarte. Die bisweilen auch, wenn sie auch selten geworden sind. Es sind die Erlebniswelten, die sich mir erschließen. Es sind die fremden, neuen Situationen, die zusammen mit einem Team gemeistert werden müssen. Abenteuer sind für mich etwas Gestalterisches, Kreatives. So wie ein Maler schöne Bilder malen oder ein Musiker Konzerte geben kann, so vermag ich interessante und, wie ich finde, aussagekräftige Reisen zu unternehmen. Sie bedeuten aktives Leben, eine ernsthafte Auseinandersetzung mit der Natur und den darin lebenden Menschen. *Es muss um Themen und um Inhalte, um Ziele gehen.*

Worin liegt der Sinn solcher Projekte? Interessanterweise eine Frage, die überwiegend in Deutschland gestellt wird. Worin liegt der tiefere Sinn der Tätigkeit eines Radio- oder Fernsehmoderators? Wem nützt der Autorennfahrer, der Profiboxer, der Skilangläufer? Wem der Börsenmakler, der Autoverkäufer oder der Programmierer? Wem der Manager? Sie alle folgen ihren Talenten und ihren eigenen Bedürfnissen, verdienen damit ihren Lebensunterhalt und leisten ihren Beitrag zum Bruttosozialprodukt. Jeder ist sich dabei selbst der Nächste und dient nicht unbedingt einem höheren Zweck. Auch der Seelsorger, der Sozialarbeiter oder der Arzt folgen ihrer inneren Stimme. Letztere mögen im Dienste der

Abstieg nach der Erstbesteigung eines namenlosen Berges auf dem patagonischen Inlandeis.

Welten entdecken

Der Eisbruch liegt hinter uns, unsere Strategie ist aufgegangen. Als Erste haben wir die Senke der Failla de Reichert erreicht.

guten Sache stehen – trotzdem sind sie erfolgsorientiert und leben von ihrer Tätigkeit. Wie sollte es auch anders funktionieren?
Die Expedition oder Tätigkeit, das Tun an sich ist sinnstiftend. Die Abenteuer nutzen daher zu allererst mir selber! Ich lebe meine Ideen und Träume und bestreite zudem meinen Lebensunterhalt davon. Das bedeutet für mich keinen Gewissenskonflikt. Da ich eben nicht ausgestiegen bin, muss ich ergo den Spielregeln dieser Gesellschaft folgen. Ich zahle Steuern wie alle anderen, schaffe Arbeitsplätze, lasse keine Wahl aus und nehme aktiv am wirtschaftlichen und gesellschaftlichen Leben teil. Das ist allemal Nutzen genug. Weil es nur wenige Menschen gibt, die ein vergleichbares Leben führen, falle ich aus der Norm und werde dadurch zum Exoten. Für mich ist dieses Leben hingegen Normalität. Ich sehe nicht ein, warum ich mich

für etwas rechtfertigen soll, das sich im Grunde genommen gar nicht so sehr von dem Leben anderer unterscheidet. Die Expeditionen bedeuten für mich aktives Leben. Sie geben meinem Leben einen Sinn und vermitteln mir trotz aller Härten und Entbehrungen Lebensfreude.

Und sie bringen mich immer wieder auf das wirklich Wesentliche zurück. Ich habe gefroren, unvorstellbare Erschöpfung erfahren und mir vor Angst fast in die Hosen gemacht. Ich habe körperlich mehr gelitten, als ich es mir je hätte vorstellen können. Daraus habe ich gelernt. Aber ich habe auch Momente unbeschreiblichen Glücks erlebt und mich eins gefühlt mit mir selbst und der Schöpfung. In solchen Situationen, in denen es ums Überleben geht, klärt sich der Blick für die wirklich wichtigen Dinge.

Wenn ich das so genannte bürgerliche Leben hier bei uns in Europa analysiere, dann fällt mir als erstes der Faktor Zeit auf. Wir hecheln und hetzen von einem Termin zum anderen. Wir lassen uns überwältigen von der angeblichen Wichtigkeit einzelner Termine und bauen Kulissen aus Konsumgütern um uns auf, die uns Lebensqualität und Geborgenheit suggerieren sollen, uns aber gleichzeitig in neue

Auf dem patagonischen Inlandeis werden wir ständig von der Natur geprüft und vor neue Herausforderungen gestellt.

Abhängigkeiten führen. Wenn ich hier lebe, bin ich genauso wenig frei davon wie alle meine Mitmenschen. Aber unterwegs lebe ich nach anderen Gesetzmäßigkeiten. Dort macht die übermächtige Natur die Vorgaben und ich folge ihnen. Entweder ich akzeptiere sie und ordne mich unter oder gehe zugrunde. So einfach ist das. Für dekorative Versatzstücke ist da kein Platz. Ich lebe dort draußen ganz ruhig und gelassen und weiß dabei genau, dass der Notarzt oder das nächste Krankenhaus unerreichbar weit weg sind. Das ist mir dann egal. Ich lebe dort in einer anderen Welt, die mir anfangs wohl fremd war, aber mir im Laufe der Jahre immer vertrauter geworden ist. Ich bewege mich dort so selbstverständlich, wie ich hierzulande über einen Zebrastreifen gehe. Für mich ist es die reale Welt, weil sie keinen Raum für Kulissen lässt. Der moderne Zivilisationsmensch hat sich von der Natur gefährlich weit entfernt. Seine Welt ist von synthetischen Gefügen, von Mikrochips und Entertainment geprägt. Er versteht die Natur nicht mehr, und daraus resultieren meiner Meinung nach auch die mannigfaltigsten ökologischen Probleme. Für viele ist die Natur nichts anderes als ein großer Erlebnispark, den man nach Belieben ausnutzen darf. Er hat zu funktionieren, und wenn etwas kaputtgeht, dann wird es repariert. Irgendwie. Das kostet Geld – wenn es denn möglich ist – und hat daher auch eine ökonomische Qualität. Der Mensch vergisst dabei, dass er Teil des Ganzen ist. Das Konsumdenken macht vor der Natur nicht halt und nimmt dabei grotesk-tragische Formen an: »Jeder Mensch hat seinen Preis, nennen Sie mir den Ihren!« Eine Aussage, die ich sinngemäß immer wieder zu hören bekomme. Vermögende und erlebnishungrige Menschen meinen über den Preis alles regeln und mich zum Beispiel für eine Expedition zum Nordpol engagieren zu können, damit ich sie »sicher« dorthin führe. Allein könnten sie es nicht, also kaufen sie sich das Know-how, zusammen mit der vermeintlichen Fitness und der gewünschten Sicherheit. Was kostet das Paket? So etwas ist »cool« – für den Nordpol gilt das ganz sicher. Wozu so etwas führen kann, konnte man vor einigen Jahren am Mount Everest sehen, als gleich neun Menschen in einer geführten Gruppe den Tod fanden. Der Nachfrage an derart skurrilen Unternehmungen hat das hingegen keinen Abbruch getan. Der Re-

Welten entdecken

spekt ist abhanden gekommen, die Instinkte sind verloren gegangen. Ich bin zu einem Wanderer zwischen den Welten geworden. In meinen beiden Welten bewege ich mich ganz selbstverständlich. Ich möchte weder die eine noch die andere missen. Beide haben ihre Qualitäten.

»Mit Träumen beginnt die Realität« hat Daniel Goeudevert ein Buch überschrieben. *Ich lasse die Träume zu und gebe ihnen einen realistischen Rahmen.* Dann laufe ich los. Das verstehe ich unter dem Abenteuer Leben.

◆ Bis es überhaupt zu einer Expedition kommt, gehören eine Menge Planung, Vorbereitung, Organisation und Verhandlungen beispielsweise mit Behörden dazu.

◆ Der ehrliche Umgang mit sich selbst ist für eine Expedition wie für jede andere Tätigkeit eine Grundvoraussetzung.

◆ Das »Abenteuerliche« meiner Reisen spielt sich in der Qualität der Erlebnisse ab, für mich speziell darin, ständig die Welt um mich herum neu zu entdecken; wobei selbstverständlich auch Themen und Inhalte wie zum Beispiel der Klimawechsel, historische oder kulturelle Zusammenhänge die Zielsetzung bilden.

◆ Träume zuzulassen und ihnen einen realistischen Rahmen zu geben ist ein Teil des Wegs, um Grenzen zu überwinden – im Beruf ebenso wie im Alltag.

Expedition als Projektmanagement

»Es ist unglaublich, was [...] der moralische Wille
vermag! Er durchdringt gleichsam den Körper
und setzt ihn in einen aktiven Zustand,
der alle schädlichen Einflüsse zurückschlägt.«
(Johann Wolfgang von Goethe)

Expedition als Projektmanagement

Ein Expeditionsleiter ist ein Projektmanager.

Die Vorstellung, dass eine Expedition an einem flackernden Kaminfeuer bei einem Glas Rotwein in romantischer Atmosphäre entwickelt wird, mag auf die Geschichten Jules Vernes zutreffen, mit der Realität hat es nicht das Geringste zu tun. Nicht dass ich etwas gegen Kaminfeuer oder Rotwein hätte, ab und zu kommen einem dabei ja auch gute Ideen. Aber mit der Umsetzung solcher Gedankenblitze hat es nichts zu tun. Der Begriff Abenteuer ist im Grunde genommen eine niedliche Umschreibung für Zielstrebigkeit, harte Arbeit und nüchternes Kalkül.

Der markige Ausspruch »No risk, no fun« führt fatal in die Irre. Sich in Gefahr zu begeben und darin umzukommen, kann jeder Dummkopf. Die Qualität einer Expedition liegt gerade darin, dass man das Risiko schon in der Planungsphase erkennt und so gering wie möglich hält. *Abenteuer müssen überlebbar sein!*

Risiko-Management ist eine der Grundlagen, auf der eine Expedition aufbauen muss. *Das kalkulierbare Risiko muss so gering wie möglich gehalten werden, um mit dem Restrisiko umgehen zu können.* Das gelingt mir in aller Regel auch. Wenn ich aber permanent am Anschlag meiner Leistungsfähigkeit und Belastbarkeit operiere, dann ist es nur eine Frage der Zeit, wann ich ausgebrannt bin und nicht mehr den Anforderungen genügen kann. Das ist der Anfang vom Ende. Bevor ich mit einem neuen Projekt an die Öffentlichkeit trete, gehe ich stets mit mir in Klausur und frage mich:»Kannst du das, willst du das oder ist es nur so eine spontane Idee?« Einige Projekte sind auf diese Art und Weise durchs Raster gefallen. Weil ich aber so gut wie mit niemanden darüber geredet hatte, befand ich mich auch nicht in Erklärungsnöten. Da fällt es leichter, sich gegen ein Projekt zu entscheiden. Die Klarheit der Analyse und der Gedanken ist elementar. Wo liegen die Grenzen meiner Fähigkeiten? Im Laufe der Zeit hat sich dabei für mich ein besonderes Vorgehen bewährt: *Das Aufstellen einer Topografie der Grenzen.* Innerhalb

Expedition als Projektmanagement

Vier Menschen, sieben Meter Boot und 2000 Kilometer stürmischer Ozean. Um das durchzustehen, muss ich von Projekt, Team und den eigenen Fähigkeiten überzeugt sein.

dieser Grenzen bewege ich mich sicher und unauffällig. Will ich aber die Grenzen überwinden oder verlagern, bedarf es aller Instinkte und Fähigkeiten, die ich aufzubringen vermag. Diese Gratwanderung ist daher mehr eine intellektuelle Expedition als eine physische. Die kommt danach. Diese Differenzierung kennzeichnet unter anderem den Profi. Der Amateur joggt, wälzt Landkarten, sortiert Ausrüstungsgegenstände und zieht los. Er reagiert. Fängt es an zu regnen, zieht er die Regenjacke an. Bekommt er eine Blase, klebt er sich ein Pflaster auf die betreffende Stelle. Aber was ist, wenn statt des erwarteten Regens plötzlich ein Wettersturz mit Sturm und Eiseskälte hereinbricht? Was, wenn statt der harmlosen Blase eine schwerwiegende Verletzung auftritt? Was, wenn aus der vermeint-

Expedition als Projektmanagement

Letzte Besprechung vor der Shackleton-Expedition. Ernste und nachdenkliche Gesichter bei allen Beteiligten, aber jeder ist zum Aufbruch entschlossen.

lich anspruchsvollen, aber ansonsten harmlosen Bergtour plötzlich eine Angelegenheit auf Leben und Tod wird? Dazu hat man ja das Handy in der Tasche! Die bequeme Art, das Risiko an Unbeteiligte zu delegieren, schließlich konnte man ja nicht wissen, dass das Wetter so schlecht werden würde.

Der Snowboarder, der Skifahrer, der trotz Lawinenwarnung abseits der Pisten fährt und dabei Schneebretter auslöst, hätte bei mir im Team ganz gewiss keine Chance. *Selbstdarsteller können bleiben, wo der Pfeffer wächst – sie sind eine Gefahr für das Team und für das gesamte Projekt.*

Für mich ist eine Expedition ein kunstvolles Gebilde. Die Legitimation, sich und seine Begleiter in eine schwierige oder gar gefährliche Situation zu führen, erwächst aus der Eigenverantwortung. Wenn ich mich entschließe, mit dem kleinen sieben-Meter-Segelboot, einem Nachbau der JAMES CAIRD des britischen Polarforschers Sir Ernest Shackleton, in den stürmischen antarktischen Gewässern zu segeln, dann schiele ich nicht nach links oder rechts, ob mir im Notfall jemand zu Hilfe kommen kann. Eine »Gesellschaft zur Rettung Schiffbrüchiger« gibt es dort ohnehin nicht, ebenso wenig den SAR-Hubschrauber. Ich muss die Infrastruktur für meine Sicherheit selbst installieren. Etwa in der Form, dass ich für nahezu alle Eventualitäten gewappnet bin, dass ich mir sicher bin, dass mein Team und ich über die Fähigkeiten verfügen und die Kondition haben, auch schwierigste Situationen zu überstehen. Die Hardware, sprich das eingesetzte Material, muss ohnehin das Beste sein. Und wenn ich wie in diesem Beispiel ein Back-Up-System für erforderlich halte, dann organisiere ich das, bevor die Expedition beginnt.

Im Beispiel dieser Bootsreise war das ein zusätzliches Segelschiff sowie eine Absprache mit der Reederei Hapag Lloyd, deren Schiffe

Martin Friederichs in der »bequemsten« Haltung unter Deck der JAMES CAIRD II. Die Lebensbedingungen sind extrem.

zu der Zeit in der Nähe waren. Als ich die Shackleton-Expedition plante, war die Entscheidungsfindung für mich ungewohnt schwer. Ich wusste, dass die Wetterverhältnisse auf der geplanten Route unverhältnismäßig stürmisch und schwierig sein würden.

75 % aller Wellen werden laut englischem Seehandbuch höher als vier Meter. Wellenhöhen von 25 Metern sind keine Seltenheit, und in Ausnahmefällen können sie über 30 Meter hoch werden. Hinzu kommen Eisberge, gefährliche Küsten und Lebensbedingungen, die keinem Zuchthäusler zugemu-

Expedition als Projektmanagement

tet worden wären. Kurz bevor wir zu der Expedition aufbrachen, saß ich mit einem Freund zusammen, der mir unvermittelt eine Skizze überreichte, in deren Mittelpunkt ein Oval gezeichnet stand, worin zu lesen war: »Das größte Problem sind die Menschen wegen nicht artgerechter Haltung!«

Von diesem Oval gingen Pfeile zu anderen Sprechblasen, in denen die kausalen Zusammenhänge verdeutlicht wurden.

Da drängt sich geradezu zwangsläufig die Frage auf: »Warum tut man sich das freiwillig an?«

Ich bin kein Masochist. Ich fahre nicht in die Polarregionen, weil ich gern friere, und ich unternehme keine Expeditionen, weil ich mich gern in Gefahr begebe. Ich brauche den Kick nicht. Aber ich akzeptiere die klimatischen Widrigkeiten und die damit verbundenen Risiken, um einen unverfälschten Zugang zu den Naturlandschaften zu finden. Es sind die Aufgabenstellungen, die Herausforderungen, die mich reizen. So wie ein Manager versucht, die ehrgeizigen Zielvorgaben seines Unternehmens zu erreichen, so setze ich allen Ehrgeiz und meine ganze Erfahrung ein, um die Expeditionsziele zu erreichen.

Per aspera ad astra – auf rauen Wegen zu den Sternen. *Erfolg und positive Erlebnisse gibt es nicht zum Nulltarif.* Dem Glücksempfinden eines Marathonläufers, der als Erster über die Ziellinie läuft, sind harte Arbeit und bisweilen Belastungen bis an die Schmerzgrenze vorausgegangen. Das ist der Preis, den man bezahlen muss. Aber durch diesen Einsatz eröffnen sich neue Perspektiven, neue Horizonte, man erfährt etwas Neues. Der Marathonläufer erfährt etwas über sich selbst und natürlich erfährt er die Atmosphäre, die einhergeht mit einer solchen Sportveranstaltung. Die Belohnung für den Einsatz stellt sich auf vielfältige Art und Weise dar. Genauso verhält es sich auch mit Expeditionen, nur dass die Zusammenhänge noch komplexer sind, weil Zeitdauer, Lebensumstände, Leistungsabforderungen in anderen Größenordnungen ablaufen. Mich reizen die Aufgabenstellungen, die Herausforderungen. Über einen Menschen wie Sir Ernest Shackleton

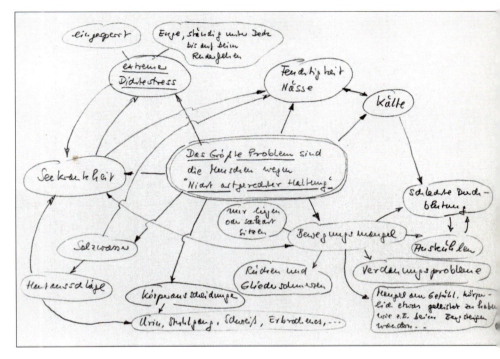

Alles hängt irgendwie immer miteinander zusammen. »Das größte Problem sind die Menschen wegen nicht artgerechter Haltung.«

und seine antarktische Odyssee im fernen England an einem bequemen Schreibtisch zu schreiben, ist die eine Sache. Sich auf ein nahezu identisches Niveau mit ihm zu begeben, dieselben Ängste und Nöte zu durchleiden und dann darüber zu berichten, eine ganz andere. Ich hatte alle verfügbaren Berichte über Shackletons ENDURANCE-Expedition gelesen und war verärgert, wie anmaßend oder mit welch verklärtem Heldenepos von Leuten über die Expedition geschrieben wurde, die vermutlich noch nicht einmal über den Bodensee segeln würden, geschweige denn die Härten einer Segelreise in

Expedition als Projektmanagement

Der südliche Ozean deckt gnadenlos alle Schwächen auf. Nur wer bestens vorbereitet ist und weiß, worauf er sich eingelassen hat, hat eine Chance – aber keine Garantie.

antarktischen Gewässern auf sich genommen hätten. Für mich hingegen ist Shackleton ein ferner Kollege mit ganz erstaunlichen Fähigkeiten, aber auch Fehlern. Ein Mensch eben! Das macht ihn interessant. Es sind die Widersprüche in seiner Persönlichkeit. Und es ist sein Krisenmanagement. In einer völlig hoffnungslosen Situation seine Mannschaft aufzubauen, sie dazu zu bringen, an sich und ihre Rettung zu glauben, Querulanten in ihre Schranken zu weisen und verborgene Energien in den einzelnen Individuen zu entdecken und zu wecken, darin bestand seine große Fähigkeit. Auch wenn er sich selbst gern in der Rolle des peniblen Planers gesehen hat – ich glaube, dass die Planung eher seine Schwäche war. Aber immer dann, wenn die Katastrophe über ihn hereinbrach, wuchs er über sich selbst hinaus und schaffte es, sich und alle seine Leute zu retten. Niemals hat er einen Mann verloren, der unmittelbar unter seinem Kommando stand. Shackleton hat das scheinbar Unmögliche möglich gemacht, und die Mechanismen, die dazu führten, haben mich bewogen, seine Expedition nachzuvollziehen. Nicht etwa die profane Überlegung »Ich kann es genauso gut wie er oder vielleicht sogar besser«.

Das hätte keinen Sinn gemacht. Es ging mir auch nicht darum, an den Menschen Shackleton zu erinnern – zumindest nicht vordergründig. Das hatten andere schon auf unterschiedlichste Weise getan. Nein, mir ging es um die Hintergründe. *Ich wollte wissen, wie es war!* Nur wenn man selbst in dem kleinen Boot gesessen und bei Sturm und Eis die zerklüftete Küste Südgeorgiens angesteuert hat, kann man die Leistung wie auch die Fehler beurteilen. Doch dazu später mehr. Shackleton würde sich wahrscheinlich im Grabe umdrehen, wenn er von den vielfältigen Kommentaren und Bewertungen zahlreicher selbst ernannter Shackleton-Spezialisten hören würde. Er hat intuitiv und unkonventionell gehandelt, ist dabei aber Wagnisse eingegangen, über die wir nur den Kopf schütteln konnten. Ich hätte in vielen Situationen sicher anders gehandelt als Shackleton –, aber er war erfolgreich und das macht ihn interessant. Der rücksichtslose Umgang mit sich selbst, das Ausbeuten seiner eigenen Ressourcen und Kräfte sowie die gleichzeitige sensible Handhabung der Energien der ihm anvertrauten Leute kennzeichnen ihn als einen außergewöhnlichen Menschen.

Shackleton mag keines seiner Expeditionsziele erreicht haben, aber er war trotzdem erfolgreich. »Lieber ein lebendiger Esel als ein toter Löwe«, schrieb er seiner Frau Emilie nach dem gescheiterten Versuch, zu Fuß den Südpol zu erreichen. Er hatte sich auf einer früheren Expedition selbst in der Phase größter Erschöpfung und wohl auch Frustration, das nahe Ziel nur knapp 100 Meilen entfernt, das analytische Denken bewahrt und war umgekehrt. Als sie völlig erschöpft, von Ruhr und Skorbut gezeichnet ihr Basislager in der McMurdo-Bucht wieder erreichten, war das Schiff, das auf sie warten sollte, schon fort. Verzweifelt entfachten sie ein großes Feuer aus Resten, die sie vor der Hütte fanden, in der Hoffnung, dass sie vom Schiff aus noch gesehen würden. Aeneas Mackintosh kletterte zu diesem Zeitpunkt von irgendeiner inneren Unruhe getrieben tatsächlich in den Mast des sich bereits auf See befindlichen Schiffes und suchte das am Horizont versinkende Land ab. Dabei entdeckte er das Feuer. Sie waren gerettet! War es Glück oder Zufall? Sicher spielen Zufälle immer eine Rolle. Aber selbst wenn das Schiff nicht zurückgekehrt wäre, hätten sie in der Hütte überwintern können. Sie hätten zumindest überlebt. Aber das Timing Shackletons, der das Abreisedatum des Schiffes vor Augen hatte, ist frappierend. Tatsächlich war das Schiff einen Tag vor dem vereinbarten Zeitpunkt ausgelaufen. Shackletons Timing war also korrekt.

Sein Erfolg lag darin, dass er seine Leute verstand, ihre Sorgen, Bedürfnisse, Befindlichkeiten ernst nahm und auf sie einging. Er wusste die Ressourcen jedes Einzelnen zu wecken bzw. zu nutzen oder aber notorische Nörgler zu isolieren, sodass sie keinen Schaden anrichten konnten. Er nutzte das Potential jedes Einzelnen und stellte es in den Dienst der Sache. So gesehen war er ungeheuer effektiv – dass er trotzdem gescheitert ist, lag an den Umständen und an der bisweilen etwas fahrlässigen Planung. Letztlich darf man nicht vergessen, dass seine Ziele enorm hoch gesteckt waren und dass die Wahrscheinlichkeit des Scheiterns daher sehr groß war.

In der Polargeschichte gab es ganz andere Teamführer. Ihnen war der eigene Erfolg ungleich wichtiger als das Wohl ihrer Männer. Scott beispielsweise, der größte Rivale Shackletons, führte seine Männer mit militärischem Drill, ließ sie das Deck schrubben, wenn das Wasser schon im Eimer gefror, und schloss den Verlust von Menschenleben als einen strategischen Tribut mit ein. Als er schließlich samt seinen Männern auf dem Rückweg vom Pol in einem Schneesturm erfror, war das zwar der Stoff, aus dem im damaligen England Helden gemacht wurden, aber nüchtern betrachtet war

Expedition als Projektmanagement

Das Grab von Sir Ernest Shackleton auf Südgeorgien. Ich besuche es am Ende unserer Expedition.

er schlichtweg gescheitert: Scott hatte nicht als Erster den magischen Punkt erreicht – Amundsen war vier Wochen vor ihm am Pol gewesen – und außerdem war er mitsamt seiner Mannschaft ums Leben gekommen. Das eigentlich Tragische daran war, dass der Tod der Männer vermeidbar gewesen wäre. Hätte Scott von den Erfahrungen Shackletons oder anderer Polarfahrer gelernt, dann wäre die Expedition vermutlich glücklicher ausgegangen. Amundsen war noch niemals zuvor in der Antarktis gewesen, hatte dennoch auf Anhieb erfolgreich den Südpol erreicht – vor Scott – und brachte zudem alle Leute gesund und bestens ernährt zurück zum Basislager.

Vilhjamur Steffanson war ein weiterer Vertreter jener Kategorie, die ausschließlich ihr eigenes Lebensziel vor Augen hatte, die aber ihre

Expedition als Projektmanagement

Momentaufnahmen, die ein Leben lang erhalten bleiben und die jede Anstrengung und Entbehrung rechtfertigen.

Mannschaft herzlich wenig kümmerte. Er war ein ausgesprochener Karrierist. So überließ er bei einer Arktisexpedition – übrigens zeitgleich mit Shackletons ENDURANCE-Expedition – sein im Packeis eingefrorenes Schiff KARLUK sich selbst und tat so, als hätte es Schiff und Mannschaft nie gegeben. Die KARLUK sank und die daraus resultierende Rettungsaktion verlief vergleichbar dramatisch wie bei Shackleton, nur dass sie nicht so glimpflich ausging. Zahlreiche Leute kamen beim Versuch, das Land zu erreichen oder einfach nur in der arktischen Landschaft zu bestehen, ums Leben. Und wenn es dennoch Überlebende gab, dann war das einmal mehr der Verdienst eines Mannes, der ganz nach Shackleton-Manier die Initiative in die Hand nahm und richtig reagierte.

Der Kapitän der KARLUK, Bartlett, führte zu Fuß, mit Hundeschlitten und Booten eine unglaubliche Odyssee durch, um Hilfe für seine auf der russischen Wrangel-Insel zurückgebliebenen Schiffbrüchigen zu organisieren. Wie Shackleton war er erfolgreich mit seinem Einsatz. Steffanson hingegen verfolgte derweil seine persönlichen Ziele und hatte nach seiner Rückkehr und der wundersamen Rettung seiner Crew nichts Besseres zu tun als den Versuch zu unternehmen, Bartlett zu diskreditieren. *Egomanie, Selbstverliebtheit und Eitelkeiten* – ich werde in anderen Beispielen noch darauf zu sprechen kommen – *verhindern grundsätzlich eine effektive Teamarbeit und vermindern dadurch auch die Einsatzbereitschaft eines Teams.*
Es gibt in der Polargeschichte viele ähnlich gelagerte Fälle, in denen Wohl oder Wehe einer schiffbrüchigen Mannschaft von einer einzigen Person abhingen. Das musste beileibe nicht immer der designierte Führer sein, wohl aber jemand, der grundsätzlich das Potential dafür in sich hatte und statt zu lamentieren agierte.

Stets lässt sich ein Muster erkennen: *Es sind die Menschen, die über den Erfolg entscheiden!*
Noch ein Wort zur Unternehmenskultur (denn nichts anderes ist es, was eine gute oder eben schlechte Expedition, einen fähigen oder unfähigen Exepditionsleiter ausmacht): Vielen mutet das etwas altmodisch an, der Begriff riecht muffig nach Betriebsausflug und Weihnachtsfeier. Das gehört vielleicht auch dazu, aber eben nicht nur. Es ist viel mehr und unglaublich wichtig für das Funktionieren einer Expedition oder eben eines Unternehmens.
Als Shackleton die Mannschaft für seine Expeditionen zusammenstellte, ließ er sich keineswegs nur von der fachlichen Qualifikation des Einzelnen leiten. Die musste natürlich auch vorhanden sein, aber wenn er zwei Bewerber hatte, von denen der eine vielleicht nicht über die gleiche fachliche Kompetenz wie der andere verfügte, dafür aber spürbares Engagement mitbrachte, der Persönlichkeit ausstrahlte und neben seinem Beruf andere Interessen wie Musik oder schauspielerische Qualitäten auf-

Expedition als Projektmanagement

zuweisen hatte – dann bekam der den Job. Shackletons Einstellungsgespräche waren berühmt und berüchtigt. Ihm war es wichtig, eine heterogene Mannschaft aufzubauen, die sich etwas mitzuteilen hatte, die kreativ war und humorvoll. In der Isolation einer langen, kalten und dunklen Polarnacht ist die Moral und damit auch die Leistungsfähigkeit einer Mannschaft von solchen Parametern abhängig. Ein in sich gekehrter, über Büchern und Messinstrumenten vertiefter Wissenschaftler, der womöglich menschenscheu und introvertiert ist, kann der Gruppe nicht viel geben. Das wiederum führt zur Isolation jedes Einzelnen und damit verlieren sich auch die Dynamik und die Spontaneität einer Gruppe. Bei Shackleton wurde viel gelacht. Es wurde musiziert, geschauspielert, die Situation an Bord wurde von einem freundschaftlichen Verhältnis geprägt und nicht von Dünkel – jeder konnte sich mit seinen Bedürfnissen unmittelbar an den »Boss«, wie Shackleton genannt wurde, wenden.

Dennoch gab es eine ausgeprägte Hierarchie. Shackleton ließ nie einen Zweifel daran aufkommen, wer der Chef war, und er trug seinen Spitznamen sicher nicht zu Unrecht. Aber Akzeptanz lässt sich nicht so ohne weiteres einfordern, sie muss entstehen. Es erfordert eine Führungspersönlichkeit und keine Drohgebärden oder Repressalien.

Wer sich in einem Unternehmen – und nichts anderes ist eine Expedition – wiederfindet, wer sich und sein Wertesystem darin erkennen kann und das Gefühl entwickelt, dass er ernst genommen wird und ein tatsächliches Interesse an der eigenen Person besteht, der wird eine andere Identifikation entwickeln als jemand, der nur seinen »Job« macht. *Unternehmenskultur heißt Einbinden der beteiligten Menschen in ein Unternehmen. Werte wie Fairness, Großzügigkeit, Vertrauen und Verlässlichkeit müssen spürbar vorhanden sein.* Das funktioniert nicht durch leere Worthülsen – es muss wie im Fall Shackletons vorgelebt werden, und die Expedition/das Unternehmen muss entsprechend strukturiert sein. Egal wie die Expedition ausging – wenn Shackleton die Crew für ein neues Projekt suchte, kamen dieselben Leute immer wieder zurück. Freiwillig und ohne Überredungskunst. Und ob sie das zugesagte Gehalt tatsächlich bekommen würden, war bei der angespannten wirtschaftlichen Lage Shackletons mehr als ungewiss. Trotzdem kamen sie. Geld mag ein Motivationsfaktor sein –, aber in schwierigen, bedrohlichen Situationen reicht es nicht aus. Doch gerade dann braucht man alle erdenkliche Energie und den Einsatz jedes Einzelnen, um die Krise zu meistern. Wohl dem, der sich dann auf eine hoch motivierte und positiv eingestellte Mannschaft verlassen kann.

- ◆ Im Prinzip gibt es keinen Unterschied zwischen einem Projektleiter in einem Unternehmen und einem Expeditionsleiter.

- ◆ Wie in einem Unternehmen ist auch bei einer Expedition das Risiko-Management eine der Grundlagen für den Erfolg.

- ◆ Die Grenzen der eigenen Fähigkeiten zu erkennen, ist elementar, um sie anschließend weiter stecken zu können.

- ◆ Diese ehrliche Selbsteinschätzung ist der Schlüssel zur Führung eines Teams.

- ◆ Das Team wiederum bildet die Grundlage für jeden Erfolg. Deshalb ist das Einbinden jedes Einzelnen so wichtig, dürfen Fairness, Großzügigkeit, Vertrauen und Verlässlichkeit nicht nur Worthülsen sein.

Der Weg

*»Wer kämpft, kann verlieren.
Wer nicht kämpft, hat schon verloren.«
(Bertholt Brecht)*

Ich tue mich immer ein wenig schwer mit Vorbildern und bin daher auch kein kritikloser und glühender Verehrer von Shackleton. Aber seine Führungsqualitäten beeindrucken mich. Ich habe versucht einiges zu adaptieren, ohne Gefahr zu laufen, zum bloßen Nachahmer zu werden. Shackleton ist Shackleton gewesen und ich bin ich. Zwei verschiedene Menschen, unterschiedliche Zielsetzungen, eine andere Zeit, andere technische Voraussetzungen und, und, und. Trotzdem kann man von Shackleton lernen. Fehler habe ich jede Menge gemacht, aber immer auch gleichzeitig versucht, hinterher klüger zu sein. Überhaupt kann man aus Fehlern häufig mehr lernen als aus den Dingen, die man richtig gemacht hat. Erfolge werden mit dem Gefühl der Glückseligkeit hingenommen, Rückschläge stimmen nachdenklich und ernüchtern.

Wann immer man sich abseits der ausgetretenen Pfade bewegt, gilt man vielen Menschen als suspekt. Nur nicht an der herrschenden Ordnung rühren, bloß keine Veränderungen. Mit dieser Erkenntnis sieht sich jeder gelegentlich konfrontiert, der ungewöhnliche Maßnahmen trifft, egal ob diese im privaten oder betrieblichen Bereich stattfinden. Ich weiß, wovon ich rede!

Als ich als junger Mann beschloss, meine technische Laufbahn bei der Handelsmarine zu beenden, um stattdessen »Expeditionsleiter« zu werden, tippten sich die meisten meiner Bekannten an die Stirn und sagten unverhohlen: »Jetzt ist er völlig durchgedreht!« Meine Vorliebe für Expeditionen hatte man als einen liebenswerten Spleen akzeptiert, zumindest, solange ich aus den gesellschaftlichen Normen nicht ausbrach. Ich war immer noch einer von ihnen. Das änderte sich schlagartig, als ich die Seefahrt, das Studium und alles, was damit zusammenhing, an den Nagel hängte und einen Neuanfang wagte. Das rief die Bedenkenträger auf den Plan. »Was willst du machen, wenn du alt bist? Was, wenn du plötzlich krank wirst?« Die Fragen, die mehr Einschüchterungscharakter hatten – was nicht sein darf, kann nicht sein – nahmen kein Ende. »Wovon willst

du leben? Du wirst zum Sozialfall früher oder später, dann liegst du anderen auf der Tasche!« Ich hörte mir das alles gewissenhaft an, wenngleich ich ob der harschen Reaktion ein wenig verwundert war. Dann machte ich mich daran, die Vorhaltungen ganz pragmatisch zu entkräften:
Erstens: Ich wollte nicht aussteigen!
Ich würde fortan als Freiberufler tätig werden. Freiberufler können eine Krankenversicherung haben sowie eine Altersvorsorge treffen. Das schien mir das geringste Problem zu sein.
Zweitens: Das wirtschaftliche Risiko.
Wohl wahr! Mich kannte keiner, ich hatte in der Szene so gut wie keinen Namen und würde erste Erfolge vorweisen müssen, bevor ich auf Unterstützung von Sponsoren hoffen dürfte oder öffentliches Interesse für Vorträge und Publikationen wecken können. Expeditionen sind teuer. Gehen Sie mal als ein Nobody zu ihrem Banker und erbitten von ihm einen Kredit über damals 100 000 DM für eine Nordpolexpedition. Ohne Sicherheiten und dann für eine solch waghalsige Sache? Aber geht das nicht jedem Berufsanfänger so? Ich würde Leistung erbringen müssen, hart dafür arbeiten und kämpfen müssen. Ich würde besser als andere sein müssen, Risiken tragen, Verantwortung übernehmen. Zu alledem war ich nur allzu bereit. Wenn ich diesen Weg beschreiten wollte, musste ich es jetzt tun und nicht erst bei meiner Pensionierung. Ich würde beweisen müssen, dass ich das, wozu ich aufgebrochen bin, auch wirklich umsetzen konnte.

Drittens: *Ich würde Verantwortung übernehmen.*
Nicht nur bezüglich meiner wirtschaftlichen Lage, sondern besonders hinsichtlich meines eigenen Lebens sowie dem Wohl meines Teams. Meine Mutter hatte mir einen Leitspruch mit auf den Weg gegeben, den ich bis heute berücksichtige:
»Du kannst alles machen, aber du musst es richtig machen!«
Viertens: *Mut zu Veränderungen.*
Nachdem alle rationalen Argumente gegen meine Entscheidung entkräftet waren, ließ ich die Mie-

Der Weg

sepeter reden, wie sie wollten. Diese Bedenkenträger, denen jede Veränderung und jede Abweichung vom täglichen Trott ein Gräuel sind, finden sich in jedem Umfeld, in jedem Unternehmen wieder. »Bloß nichts verändern«, ist ihr Credo. Diese Neinsager und Angsthasen dürfen einen nicht blockieren! »Let's go for it – no worries«, wie die Australier so schön sagen. Positives Denken ist angesagt! *Jeder sollte das Potenzial nutzen, das das Leben für ihn bereithält.* Man lebt nur einmal, ist nur einmal jung, und wenn sich dann tatsächlich herausstellen sollte, dass der Weg, den man eingeschlagen hat, nicht begehbar ist, dann muss man eben von vorn anfangen. Leben bedeutet Kampf, bedeutet Herausforderung. Meine Horrorvorstellung war, dass ich irgendwann einmal aufwachen würde und plötzlich feststellen müsste, dass ich meine Lebenszeit vergeudet habe.

Was sinnvoll genutzte Lebenszeit ist, muss jeder für sich selbst beantworten. Aber so lange ich keinen mit meiner Lebensgestaltung beeinträchtige oder gefährde, ist es völlig legitim, sich seinen eigenen Weg zu suchen.

Nachdem ich gegen alle Widerstände, auch aus dem Freundeskreis, diese Entscheidung für mich getroffen hatte, fühlte ich mich wohl. Es war wie eine Art Befreiungsschlag. Jetzt konnte ich durchatmen und neu beginnen. Wirtschaftlich war das für mich eine schwierige Zeit. Es gab keinen, der mir zeigte, wo es langging. Ich hielt erste schlecht bezahlte Diavorträge vor einem kleinen, skeptischen Volkshochschulpublikum über meine ersten Expeditionen nach Labrador und Borneo, schrieb kurze Berichte für Tageszeitungen, lernte zu fotografieren und lebte mit dem allgegenwärtigen stummen Vorwurf, ein Sonderling und Exot zu sein. Meine ersten Projekte kosteten mehr Geld, als ich erwirtschaften konnte, und um die Schulden zu tilgen, machte ich in meinem alten Beruf zeitweilig Urlaubsvertretungen auf Schiffen und plante ansonsten unbeirrt in die Zukunft.

Das erste Projekt, das wirklich Expeditionscharakter hatte, fand 1977 im Nordosten Kanadas statt. Zusammen mit zwei Freunden, Peter Hasenjäger und Rainer Neuber, hatte ich mir vorgenommen, zwei ineinander übergehende Wildwasserflüsse bis zur Ungava Bay zu befahren. Das Projekt hatte es in sich! Rund 700 Kilometer durch völlige Wildnis, mit unvollständig vermessenen Flussläufen auf schlechten Karten mit einem ungeeigneten Maßstab. Die Tour sollte rund zwei Monate dauern und außer einigen kleinen Fischercamps keinerlei Niederlassungen streifen. Wir waren zu diesem Zeitpunkt alles andere als erfahrene Waldläufer oder Wildwasserfahrer, und die wassertechnischen Schwierigkeiten in diesem von Moskitoschwärmen beherrschten, undurchdringlichen Buschgebiet waren uns völlig unbekannt. 1977 gab es zudem diesen Outdoorboom, den man heute beobachten kann, noch nicht. Fachgeschäfte für Ausrüstung waren meist auf den Bergsportbereich ausgerichtet und entsprechend weit im Süden der Republik angesiedelt, quasi unerreichbar für uns. Wir hatten weder die Mittel noch die Möglichkeiten, uns nach heutigen Maßstäben professionell auszustatten. Wir machten uns darüber auch gar keine Gedanken. Minimalismus in jeder Hinsicht war angesagt, und bisweilen blicke ich in Anbetracht der heutigen Elektronik und dem Hightech-Equipment fast ein wenig sehnsüchtig zurück. Wenn einer der heutigen Ausrüstungsfreaks einmal sehen würde, mit welcher Ausstattung wir damals aufgebrochen sind – er würde es kaum glauben. Unsere Ausrüstungsliste ließ sich auf wenige Quadratzentimeter zusammenfassen: So genannte israelische Militärschlafsäcke, die niemals fürs Militär gemacht worden waren, drei ausgediente Militärponchos als Regenschutz und Zeltersatz, eine Schrotflinte, eine Angel, gebrauchte Bundeswehrhosen und -jacken sowie Unterzeug und Lederstiefel. Das alles hatten wir in einem Secondhandshop in Hamburg erworben. Je ein Messer, einen Kompass, zwei große Säcke Mehl, Backpulver, getrocknete Erbsen und Bohnen und wasserdichte Streichhölzer sowie einige Tafeln Schokolade vervollständigten unseren Proviant. Daneben besaß jeder ein Tagebuch, Fotos und einige

Rainer Neuber (links) und Peter Hasenjäger bei Dauerregen inmitten der Wildnis Nordkanadas. Wir sind zwar nass, kalt und hungrig, doch guter Stimmung.

kleinere persönlichen Dinge – das war alles. Kein Zelt, kein Kocher, keine wasserdichte Bekleidung, kein GPS, keine Trekkingmahlzeiten, kein Funkgerät, keine Isomatten – nicht einmal jene Dinge, die ein Sonntagnachmittagspaddler im Hochsommer als »Basics« ansehen würde und ohne die er keinen einzigen Paddelschlag täte.

Unsere Flotte bestand aus zwei indianischen Kanus, die wir in Shefferville günstig Naskapi Indianern abkauften. Mein Boot, in dem ich allein paddeln würde, war gerade mal 14 Fuß lang, das von Peter und Rainer 16 Fuß. Beide waren aus Holz gebaut, mit Leinwand bespannt und mit Ölfarbe zur Abdichtung übermalt. Sie waren alles andere als für Wildwasser geeignet. Eine Spritzdecke fertigten wir provisorisch aus Plastikplanen, gepaddelt wurde kniend auf einem

Büschel Tannzweigen, die in einer Wasserpfütze im Boot lagen. Schwimmwesten gab es keine, nur ein Reservepaddel und kaum Werkzeug, um Reparaturen durchzuführen. Wir hatten uns vorgenommen, von und mit dem Land zu leben. Und wir wussten, dass wir spartanisch ausgerüstet waren – machten uns aber über diese Konsequenz nicht einmal Gedanken. Es würde gelinde gesagt furchtbar nass, kalt und unbequem und letztlich auch gefährlich werden. Das Erleben der Natur, das Überleben mit minimalen Hilfsmitteln in einer subpolaren Landschaft war Bestandteil der Aufgabe und Programm zugleich.

Mit einem Wasserflugzeug ließen wir uns an dem Quellsee des De Pas Flusses absetzen, und von dort ab waren wir wirklich auf uns allein gestellt. Gleich am ersten Tag, schon nach wenigen Stunden, kenterten wir in den ersten besten Stromschnellen bei vier Grad Wassertemperatur und verloren unsere Ponchos, die uns als Zeltplanen dienen sollten, unseren einzigen Topf sowie einen Teil des Proviants. Unmöglich Ersatz zu beschaffen oder gar umzukehren. Jetzt mussten wir bis zum bitteren Ende durchhalten. Bei Dauerregen und von blutrünstigen Moskitoschwärmen gnadenlos eingedeckt, hungrig und ständig bis auf die Haut durchnässt, paddelten wir von Stromschnelle zu Stromschnelle.

Unsere Nachtlager befanden sich unter triefend nassen Tannenzweigen, und wenn wir keinen Fisch fingen, keine Ente schossen oder Beeren sammeln konnten, gab es morgens, mittags und abends jeweils ein Stück Bannock, das aus Mehl und Wasser bestehende Trapperbrot, das über offenem Feuer gegart war, von außen die Konsistenz eines Briketts hatte und innen aus lauwarmen Mehlkleister bestand. Nein, wir waren alles andere als gut ausgerüstet –, aber wir beklagten uns nicht oder lamentierten über unser selbst gewähltes Schicksal, sondern wir waren trotz allem meistens guter Stimmung. Wir kannten auch nicht den Vergleich zu der heute gängigen Ausrüstung. Für uns war das, was wir hatten, normal. Und auch wenn wir uns vielleicht bessere und größere Kanus gewünscht hätten

Der Weg

oder einen besseren Regenschutz – das hatten unsere Mittel eben nicht hergegeben und damit Ende der Diskussion. Wir waren einfach glücklich, dass wir diese Reise überhaupt machen konnten. Wenn die innere Einstellung stimmt, lässt sich fast alles ertragen. Hätte man jemanden gezwungen mit uns zu fahren, er wäre wahrscheinlich an Entbehrungen, Ängsten und Unterernährung zugrunde gegangen. Wir standen jedoch hinter dieser Unternehmung, wir wollten das durchstehen und das selbst gesteckte Ziel erreichen. Nur das zählte! Dabei entwickelten wir eine Anpassungsfähigkeit an die Natur, wie man sie nur erlangen kann, wenn man sich gezwungenermaßen behaupten muss. Unsere Haut im Gesicht und an den Händen wurde wettergegerbt, lederartig und nahezu unempfindlich gegen die allgegenwärtigen Moskitos. Wir erreichten einen Grad an Unempfindlichkeit gegen Kälte und Nässe, wie ich ihn nie für möglich gehalten hätte. Wir lernten, unsere fragilen Kanus letztlich meisterlich in den Stromschnellen zu beherrschen oder aber auch rechtzeitig zu erkennen, wo ihre und unsere Grenzen lagen und wo wir sie umtragen mussten. Wir verschmolzen mit der Natur, wurden ständig findiger im Bau unserer Unterkünfte, fingen immer mehr Lachse und Forellen, trotzten selbst dem ersten Bodenfrost und schauten tagtäglich fasziniert in die überwältigende Natur. Trotz allem brachte es uns ungeheueren Spaß.

Als wir schließlich spät im Herbst unseren Zielort, die kleine Inuitsiedlung Port Noveau Quebec an der Mündung zur Ungava Bay, erreichten, waren wir zwar müde und froh angekommen zu sein, aber auch topfit. Trotz aller Entbehrungen, trotz der Kälte, der Nässe, des häufigen Kenterns in dem eisigen Wasser waren wir nicht ein einziges Mal krank geworden. Selbst die größten Widrigkeiten hatten uns nicht die Faszination nehmen können, die von einem derart einfachen Leben in der Natur ausgeht. Wir waren von unserer Idee, die Flüsse zu befahren wie besessen gewesen und hatten unser ehrgeiziges Ziel allen Widrigkeiten zum Trotz erreicht.

Der Weg

Gleichzeitig waren wir der Faszination der Natur und dieser Art sich zu fordern und zu behaupten erlegen. Für uns war völlig klar, dass dies nur ein Anfang sein konnte. Noch auf der Rückreise schmiedeten wir bereits Pläne für weitere Projekte.

Über diese Labrador-Expedition, wie wir sie nannten – was streng geografisch gesehen nicht ganz korrekt ist – haben wir einen Super-8-Film gedreht.

Aus dem rund 70-minütigen Film schnitt der NDR damals für die Sendereihe »Weltenbummler unterwegs« einen knapp halbstündigen Film, der mehrfach ausgestrahlt wurde. Als wir uns den Film Jahre später wieder einmal ansahen, schmunzelten wir. Der Film war von Amateuren gedreht, die Statements kamen von Amateuren, die Expeditionsteilnehmer, also wir selbst, waren Amateure gewesen. Der Amateurstatus durch-

Blaubeeren über offenem Feuer gekocht. Unter den umgedrehten Booten versuchen wir, Schutz vor Regen, Wind und Moskitos zu finden.

Der Weg

Mit Longboats passieren wir die Stromschnellen im Oberlauf des Mahakam in Borneo.

zieht den Film wie ein roter Faden. Dadurch erhielt dieser Film aber eine ungeahnte Authentizität, denn er zeigt uns so, wie wir damals wirklich waren: Zäh, hart im Nehmen, widerstandsfähig und von einem grenzenlosen Optimismus beseelt.

Als ich den Film kürzlich wieder gesehen habe, fand ich ihn nicht mehr komisch. Er hat mich vielmehr auf eine ganz besondere Art und Weise angerührt. Er ist Biografie geworden. Er gewährt einen Blick zurück in die Anfänge meines Expeditionslebens.

Der Weg

Die Labrador-Expedition hat mir endgültig den Kick gegeben. Nach dieser Reise wusste ich ganz genau, was ich mit meinem Leben anstellen wollte.

Es war so etwas wie die Initialzündung in meinem Werdegang. Bereits ein Jahr später waren wir in gleicher Besetzung erneut unterwegs. Dieses Mal ging es in den tropischen Regenwald Borneos. Zu Fuß und mit den Longboats der Daykas querten wir Kalimantan, den indonesischen Teil dieser faszinierenden Insel. Wieder mit für heutige Verhältnisse minimaler Ausrüstung, aber schon mit Außengestellrucksäcken und im Vergleich zu Labrador geradezu luxuriös. Wir hatten sogar Zelte dabei, aber unsere Fotos transportierten wir in umfunktionierten Keksdosen aus Blech. Für mich war Borneo auch eine Art Standortbestimmung. Wohin zog es mich mehr? In die Tropen oder in die Polarregionen? Ich konnte die Frage für mich persönlich sehr bald beantworten: Mit der Kälte kam ich deutlich besser zurecht als mit der schwülen, drückenden Hitze im Dschungel. Ich erlitt einen Unfall, stürzte einen Abhang hinunter, wobei mir das Gestell des Rucksacks in das durchgestreckte Ellenbogengelenk fuhr und es auskugelte. Unser vierter Mann, ein Medizinstudent im ersten Semester, zog, während die anderen mich festhielten, so lange am Arm, bis dieses grotesk in die andere Richtung gebogene Glied wieder in die Gelenkpfanne zurücksprang. Es tat höllisch weh! Solche Schmerzen hatte ich bis dahin noch nie erlebt. Auch Wochen danach schmerzte der Arm, wenn ich eine unbedachte Bewegung machte, aber dennoch stellte ich deshalb zu keinem Zeitpunkt die Expedition an sich in Frage. Ich war unaufmerksam gewesen, es war mein alleiniger Fehler. Es war noch mal gut gegangen, aber durch diesen Vorfall wurde mir deutlich gemacht, dass es mit Enthusiasmus allein nicht getan war. Ich musste härter trainieren, besser vorbereitet sein. Ich wollte so wenig wie möglich dem Zufall überlassen, um dadurch das Risiko zu vermindern. »Du kannst alles machen, aber du musst es richtig machen!« Das war gewissermaßen das Programm für die

Der Weg

Wir laufen quer durch den Dschungel Kalimantans und müssen dabei Flüsse und trügerische Moraste durchqueren – ein Paradies für Blutegel!

späteren Expeditionen, die Erkenntnis aus den Erfahrungen. Die Umsetzung musste warten – vorerst hatten wir die Expedition mit unseren Mitteln so gut es ging zu Ende zu bringen.

Wir trotzten den Schwierigkeiten und Härten des Dschungeldaseins so gut wir es eben vermochten und litten mit stoischer Ruhe. Wir waren mit Blutegeln übersät, die sich durch die Ösen der Schnürstiefel und die Maschen der Strümpfe an den Beinen emporhangelten und sich an allen möglichen und unmöglichen Stellen

Flussläufe und Kompass sind unsere einzigen Navigationshilfen. Das dichte Dach des Dschungels lässt das Sonnenlicht nur gefiltert durchdringen.

festsetzten. Jede Stunde setzten wir die schweren Rucksäcke ab, zogen uns die Hosen runter und schälten mit einer scharfen Klinge die Quälgeister von unseren Beinen ab. Wenngleich sich die Bissstellen nicht infizierten, so bluteten wir doch aus allen Wunden, da das Blut nicht gerinnt. Blutegel hinterlassen einen Antigerinnungsstoff in den Wunden, sodass wir gegen Abend völlig blutverschmiert waren. Uns plagten Darminfektionen, Durchfälle und die mörderische Hitze. Aber es gab damals erstmals auch ein Thema, das über das reine

Der Weg

Abenteuer hinausging: Wir wurden, ob wir wollten oder nicht, mit dem bereits damals in erschreckendem Ausmaße stattfindenden Raubbau am tropischen Regenwald konfrontiert. Brandrodung, Umweltzerstörung im großen Stil, trübten das Naturerlebnis. 1978, im Jahr der Expedition, fuhr so gut wie kein Europäer nach Borneo. Für deutsche Ohren klang der Name nach Kopfjägern, undurchdringlichem Dschungel und wilden Tieren. Bis auf die Kopfjäger gab es das auch noch, aber eben auch die andere Seite, die der konzentrierten und skrupellosen Umweltzerstörung. Damals wurde mir klar, dass die Verantwortung, die ich für mich und mein Team übernommen hatte, auch auf die bereisten Naturlandschaften ausgedehnt werden musste. Ich verstand mich fortan auch als eine Art Chronist und Botschafter der Naturlandschaften – eigentlich lange bevor der Umweltschutzgedanke in der breiten Öffentlichkeit akzeptiert und thematisiert wurde. Die Expedition hatte eine neue Qualität angenommen. Die Problematik der Abholzung tropischer Wälder war mir vor der Reise nicht in dem Maße bewusst gewesen.

Und obwohl ich fortan meine Aktivitäten mehr in die polaren Regionen verlegte, da ich spürte, dass mir das einfach mehr lag, gab es doch gelegentlich Unternehmungen, die mich zurück in die Tropen führten, unter anderem auch wieder nach Borneo, um zehn Jahre nach unserer ersten Expedition die dramatischen Veränderungen zu dokumentieren. Die Dokumentation sollte in zunehmendem Maße Expeditionsziel sein.

1979 unternahm ich zahlreichen Touren an die Westküste Grönlands. Grönland – das war gleichbedeutend mit dem Nordpol für die meisten meiner Mitbürger. Da fährt nur ein Wahnsinniger hin. Ich war im Spätherbst unterwegs, ganz allein, mit der erforderlichen Ausrüstung, in aller Stille und ohne konkrete Aufgabenstellung. Ich wollte Witterung aufnehmen, sehen, wie ich mich in dieser arktischen Natur zurechtfinden würde. Ich hatte dazugelernt, stürzte mich nicht mehr Hals über Kopf in irgendein Abenteuer, sondern sondierte zunächst einmal die Lage.

Der Weg

Der Aufstieg zum Osorno in Chile. Viele Bergsteiger sind hier verunglückt, weil sie diesen Berg unterschätzten.

Und ich war fasziniert. Die polare Landschaft, die Farben, das Licht, die Menschen, das Eis – es ging etwas davon aus, das mich unmerklich, aber unwiderstehlich in seinen Bann zog, und mit einem Mal wusste ich, dass ich hier zum Brennpunkt meiner Interessen vorgestoßen war. Ich wanderte entlang des grönländischen Inlandeises, suchte den Kontakt mit Mensch und Natur, sammelte Er-

Der Weg

Training ist wichtig. Peter Lechhart fotografiert mich beim Aufstieg zur Großen Zinne, Dolomiten.

fahrungen – und kam mit hoch gesteckten Zielen zurück nach Hause. Die Bilder von den treibenden Eisbergen, der klaren Luft, den Gletschern und Bergen Grönlands blieben, und die Faszination für diese polare Landschaft wuchs mit zunehmender räumlicher Distanz ins Grenzenlose. Während alle Welt von der Karibik oder zumindest von den griechischen Inseln träumte, wollte ich ins Eis. »Ice is nice« heißt eine alter Ausspruch der Polarfahrer. Ich unterschrieb diesen Satz ohne jede Einschränkung. Die Weichen waren gestellt.

Neben den polaren Aktivitäten übte Wasser in all seinen Erscheinungsformen auf mich eine unwiderstehliche Anziehung aus. Mir schien die Kombination Wasser und Eis wie eine Schnittmenge zwischen zwei gewaltigen Naturphänomenen. Die Ozeane sind die größten Naturlandschaften der Erde, rund 2/3 der Erdoberfläche besteht aus Wasser – und letztlich ist der Nordpol auch nur in einen anderen Aggregatzustand übergewechselt. Das Boot ist das älteste Transportmittel der Menschheit. Die Erforschung fremder Kontinente wäre ohne Seefahrt, wäre ohne kühne Seefahrer nicht möglich gewesen. Das Meer ist zugleich die dynamischste Landschaft auf Erden. Ständig Veränderungen unterworfen, konfrontiert es den Seefahrer mit immer neuen Situationen und Verhältnissen. Wer glaubt, Seefahrt sei eintönig und langweilig, hat sich der Herausforderung nie gestellt.

Die vielfach skeptische Haltung gegenüber dem Wasser resultiert wohl auch aus dem Umstand, dass viele Menschen schnell seekrank werden, ein Umstand, der viele vermeintliche Seefahrer buchstäblich aus dem Verkehr zieht. Und es hat natürlich auch etwas mit Ängsten vor dem Medium Wasser zu tun. Die Ozeane stellen für mich nach wie vor eines der vielschichtigsten und spannendsten Gefilde dar, insbesondere wenn man die Unterwasserwelt mit einbezieht. Besonders beim Tauchen tritt man wirklich in eine Welt mit völlig anderen Gesetzmäßigkeiten ein.

Mit der Großschifffahrt hatte ich abgeschlossen, jetzt wechselte ich endgültig auf Segelschiffe und Kajaks über. Für ein eigenes Segelboot fehlten mir die Mittel, deshalb segelte ich bei Vereinen oder Freunden mit. Insbesondere sammelte ich Erfahrung auf so genannten Traditionsseglern, worunter man meist aus Holz gefertigte, schwere Arbeitssegler versteht, die eine Gaffeltakelung aufweisen. Auf modernen Yachten segelte ich auch, wenngleich mich die schweren Holzschiffe mit ihrem aufwändigen Rigg stets mehr faszinierten. Trotzdem gab es 1981 eine spannende Segeltour, zu der mich mein Freund Peter Lechhart einlud: Er hatte sich auf dem Lake Huron in Kanada eine Segelyacht gekauft, die er jetzt nach Hamburg über-

Der Weg

führen wollte. Er fragte mich, ob ich mitwolle – eine solche Gelegenheit bot sich einem wahrhaftig nicht alle Tage, deshalb sagte ich spontan zu. Direkt aus der Arktis kommend, reiste ich zur GOLDEN GOOSE, einer 13 Meter langen Slup und meldete mich an Bord.

Die Reise mit der Yacht wurde zu meiner ersten Atlantiküberquerung und zu einem großartigen Erlebnis. Peter Lechhart, der mir schon das Klettern in Fels und Eis beigebracht hatte und mir viele Tipps für Polarexpeditionen gegeben hatte, wurde so auch zu einem meiner Segellehrer. Trotz der Länge der Tour, trotz einiger Stürme, die wir im Verlauf der Reise abwetterten, war ich ausgerüstet wie für einen Ausflug auf der Alster. Meine Polarausrüstung war für solche Zwecke ungeeignet, ich hatte sie in Kanada gelassen. Das einzig Verwendbare war ein dünner Windbreaker, der nicht einmal wasserdicht war – das war mein Ölzeug. An Schuhzeug hatte ich lediglich ein Paar Joggingschuhe dabei. Gummi- oder Seestiefel besaß ich nicht. Ich fuhr fast die ganze Reise barfuß, ohne mir jemals Gedanken darüber zu machen. Es störte mich nicht, weil ich unbedingt diese Reise machen wollte. Der Kopf wollte es, und alles andere hatte hintenanzustehen. *Die totale Identifikation mit der Aufgabe setzt Energien frei, die man ansonsten nicht aufbringen würde.* Deshalb ist der ehrliche Umgang mit sich selbst und seinen Ressourcen so ungemein wichtig: »Kann ich das, will ich das, oder geht das über meine Kräfte hinaus?« Eine Fragestellung, mit der ich mich bis zum heutigen Tag vor jedem neuen Projekt – nicht nur Expeditionen – konfrontiere. Halbherzige Entscheidungen sind meine Sache nicht. *Ich kann nur dann in Krisensituationen engagiert reagieren, wenn ich zu hundert Prozent hinter meinem Entschluss stehe.* Getreu dem Motto: »Du hast dich in diese Situation hineinmanövriert, jetzt sieh verdammt noch mal zu, dass du sie durchstehst und mit heiler Haut zurückkommst.« *Habe ich Zweifel vor einem Projekt, lasse ich es bleiben, zumindest so lange, bis ich vielleicht eine andere Einstellung dazu gewonnen habe.*

- Allgemein gängige Vorstellungen sollten überprüft werden; niemand muss sich ihnen unreflektiert unterordnen.

- Egal welche Entscheidungen auch anstehen, der Verantwortung für das eigene Tun muss man sich stets bewusst sein.

- Veränderungen erfordern Mut, erschließen aber lohnenswerte Perspektiven!

- Jeder sollte möglichst das gesamte Potenzial nutzen, das das Leben für ihn bereithält.

- Wenn die innere Einstellung stimmt, wenn man zu dem steht, was man tut, lässt sich fast alles – äußere Anfeindungen ebenso wie Unverständnis oder auch körperliche Härte – ertragen.

- Was immer man tut, sollte man ganz und gar tun.

- Bestehen Zweifel zu Beginn eines Projektes oder vor einer wichtigen Entscheidung, sollte abgewartet werden, bis eine andere Einstellung dazu gewonnen werden kann.

- Speziell in Krisensituationen kann nur der angemessen reagieren, der sich zu hundert Prozent mit seinem Tun identifiziert.

Aus Misserfolgen lernen

*Neid muss man sich erarbeiten –
Mitleid gibt es umsonst.*

Aus Misserfolgen lernen

Mein erstes Waterloo erlebte ich 1980. Bis dahin hatten alle Projekte geklappt. Glück war immer mit im Spiel gewesen, vielleicht war ich auch ein wenig überheblich geworden, vielleicht aber auch einfach nur beseelt von der Überzeugung, das scheinbar Unmögliche möglich machen zu können. Ich wollte zum Nordpol! Zu Fuß. Allein.

Um die volle Tragweite dieser Entscheidung zu verstehen, muss man etwas mehr über den Nordpol wissen als die schlichte Tatsache, dass er der nördlichste Punkt auf Erden ist. Der Nordpol liegt inmitten eines Ozeans, der ganzjährig von dichten, chaotisch ineinander verkeilten, meterdicken Packeisfeldern bedeckt ist. Dabei bildet das Eis keineswegs eine geschlossene, homogene Fläche wie bei uns im Winter die Eisdecke eines zugefrorenen Sees. Das arktische Eis ist in steter Bewegung. Es gibt Driften und Strömungen, die trotz bitterster Kälte das Eis immer wieder aufbrechen und dunkles, in der Kälte rauchendes Seewasser zu Tage treten lassen. Das Eis driftet schnell, und die Risse im Eis treten schlagartig und meist ohne jede Ankündigung auf. Nirgends darf man sich sicher fühlen. Glaubt man einen festen Platz auf dem Eis gefunden zu haben, um sein Lager aufzuschlagen, geht plötzlich ein peitschender Knall durch das Eis und die vermeintlich sichere Scholle bricht entzwei, um sofort auseinander zu driften. Das Seewasser ist vergleichsweise warm, aber wehe dem, der ins Wasser fällt und mit nasser Kleidung bei $-50\,°C$ auf das Eis zurückklettert! Seine Kleidung gefriert innerhalb von Sekunden zu einem massiven Panzer. Kurz darauf erfrieren die Extremitäten und wenig später der Rest.

Der Nordpol – und das unterscheidet ihn am allermeisten von dem Südpol, der in rund 3000 Meter sicher auf einem Hochplateau liegt – befindet sich irgendwo im dunklen Wasser des arktischen Ozeans, ein rechnerischer Punkt, den man sich »ernavigieren« muss, wie ein Schiff seinen Zielhafen. Keine Forschungsstation, kein Flaggenmast oder eine Art Gipfelkreuz – der Nordpol ist vielleicht das entrückteste, gefährlichste und enttäuschendste Ziel, das man sich erwählen kann. Und er ist kalt! Kälter als alles, was man sich hierzulande vorstellen kann. Zwar erwärmt sich selbst der arktische Ozean während der Sommermonate für einige Wochen, dafür aber wartet er mit dichtem Seenebel und noch mehr offenen Wasserstellen auf als zur kalten Jahreszeit. Wer zu Fuß zum Nordpol will, tut gut daran, das gerade in der kältesten Jahreszeit zu versuchen. Trotz oder eben gerade wegen der brutalen Kälte. Dann ist das Eis noch am festesten und am sichersten, sofern man das letztgenannte Attribut überhaupt auf diesen Teil der Erde anwenden darf. Der Nordpol ist immer gefährlich.

Im Jahr 1980 waren die Menschen, bedingt durch die Mondlandeunternehmen der NASA, über den Mond deutlich besser informiert als über den Nordpol. Seit seiner angeblichen Entdeckung durch den Amerikaner Robert Peary – wobei sich Experten bis zum heutigen Tag darüber streiten, ob er nun wirklich dort war oder nicht – haben nur wenige Menschen den magischen Punkt erreicht. Sieht man einmal vom Flugzeug ab, wurde er über das Eis bis dahin nur von einer Hand voll Menschen erreicht: Im Jahre 1968 gelangte der Amerikaner Ralph Plaisted mit Schneemobilen zum Pol, 1969 der Engländer Wally Herbert und 1978 der Japaner Naomi Uemura.

Am bemerkenswertesten und bis heute nicht wiederholt ist die Leistung von Wally Herbert und seinem Team gewesen, der mit Hundeschlitten von Point Barrow, Alaska, in 476 Tagen über den Nordpol hinweg bis nach Spitzbergen zog. Eine sensationelle Leistung, die damals leider mit der ersten Mondlandung der Apollo-Kapsel zusammentraf und daher von der Weltöffentlichkeit nahezu unbemerkt blieb.

Naomi Uemura war ein kleiner, zäher Japaner, der stets im Alleingang Projekte unternahm. Mit einem Hundegespann schaffte er es, den Pol zu erreichen, ließ sich von dort aber ebenso wie Plaisted von einem Flugzeug abholen. Genau das hatte ich mir auch vorgenommen, nur dass ich auf Hunde verzichten wollte und zu Fuß, beziehungsweise mit Ski den Pol er-

reichen wollte. Das Projekt katapultierte mich schlagartig in eine andere Liga.
Zunächst einmal war es teuer. Anders als bei den früheren Projekten durfte hier nicht improvisiert werden, und der Armyshop um die Ecke, der bislang meist die gewünschten Ausrüstungsgegenstände geliefert hatte, kam dafür nicht in Betracht. Aber zwischenzeitlich gab es in Hamburg dankenswerterweise die Globetrotter-Ausrüstungen, die sich auf den Vertrieb von Expeditionsausrüstungen aller Art spezialisiert hatten. Die Freundschaft zu den Geschäftsinhabern Peter Lechhart und Klaus Denart sowie dem Expeditionsguru Rüdiger Nehberg ließ mich schnell kompetente und kritische Gesprächspartner finden. Gemeinsam trainierten wir in den französischen Westalpen, sichteten und sortierten moderne Ausrüstungsgegenstände, sprachen mit Ernährungsfachleuten und brüteten über geeigneten Schlittentypen, auf denen ich meine Ausrüstung hinter mir herziehen würde.
Das geplante Projekt hatte eine völlig andere Dimension als alle vorangegangenen Reisen und damit auch eine andere Ernsthaftigkeit erhalten. Es ging nicht nur um Erfolg oder Misserfolg, es ging um mein Leben – um nicht mehr und nicht weniger. Die Arktis ist ein gnadenloser Lehrmeister. Fehler werden nicht hingenommen und gnädig verziehen, sondern unnachgiebig geahndet. Wer seinen Handschuh verliert und keinen Ersatz parat hat, dem erfriert die Hand – so einfach ist das. Aus diesem Grund durchlief ich eine für mich neue und ungemein intensive Trainings- und Vorbereitungsphase. Ich stemmte Hanteln, rannte stundenlang durch die Wälder, bestimmte mittels Sextanten und künstlichem Horizont immer wieder die heimatliche Position – Hilfsmittel wie GPS und dergleichen gab es damals noch nicht – und schlief sehr zur Verwunderung zahlreicher Schlachter in Tiefkühlräumen von Großschlachtereien unter gefrorenen Schweinehälften. Letzteres war erforderlich, um arktische Kälte zu simulieren und Ausrüstungsgegenstände auf ihre Eignung hin zu überprüfen.

Gelegentlich zog Peter Hasenjäger, mein alter Labrador-Begleiter, mit ins Kühlhaus, um mir Gesellschaft zu leisten. Wir spielten dann meistens bei –35 °C Kälte Karten unter verschärften Bedingungen: Derjenige, der verlor, musste die Handschuhe ausziehen und mischen. Meist verlor ich, ich war immer schon ein schlechter Spieler. Wenn wir uns endlich unter gleißendem Licht und vom Brausen des Kühlgebläses durchdrungen in unsere angeblich polartauglichen Schlafsäcke gekuschelt hatten, ließ der Schlaf lange auf sich warten. Die Sachen waren in der Regel einfach nicht warm genug. Der Atem gefror an der Kapuze, rieselte in unregelmäßigen Abständen langsam ins Gesicht und hielt einen auf diese Art wach. Und stellte sich tatsächlich irgendwann der Schlaf ein, dann wurde man meist recht unsanft von einem Schlachter geweckt, der einen an der Schulter rüttelte um zu sehen, ob man noch lebte. Nein, die Nächte im Kühlraum zählen nicht zu meinen Lieblingserinnerungen. Ich lud Geschäftsführer der Herstellerfirmen von Schlafsäcken ein, mit mir ge-

Härtetest für die Ausrüstung und Kältetraining für uns: unter gefrorenen Schweinehälften in einer Großschlachterei.

meinsam eine Nacht in ihren Schlafsäcken im Kühlhaus zu verbringen – sie lehnten mit allerlei Ausflüchten ab, wurden aber etwas vorsichtiger in ihren Aussagen, was den so genannten Komfortbereich ihrer Schlafsäcke anging, vom Extrembereich ganz zu schweigen. Aber es gab die geeignete Ausrüstung, und dank der Globetrotter in Hamburg arbeitete ich mich durch Sortimenter und fand – wie ich glaubte – die beste Ausrüstung.

Aus Misserfolgen lernen

Allein in den Weiten der kanadischen Arktis.

Nüchtern und analytisch versuchte ich die Probleme einer Nordpolexpedition auf den Punkt zu bringen: Stichwort Brennstoff zum Kochen. Die allgemein beliebten Campingkocher mit Gas kamen nicht in Frage. Bei der Kälte würde ich das Gas aus den Kartuschen schütteln müssen. Petroleum oder Benzin waren die einzigen Brennstoffe, die in Frage kamen, aber es war schwierig, geeignete Kocher zu finden, die zugleich ein geringes Eigengewicht hatten. Die Outdoorbranche befand sich damals immer noch im Anfangsstadium ihrer Entwicklung. Die Auswahl war klein und teuer. Ein befreundeter Arzt, Dr. Reinhold, stellte Nahrungsmittel zusammen, ließ mich sie testen, rannte selbst durch die Wälder und kaute sich bei sommerlichen Temperaturen unverdrossen durch ein 6000 Kcal-Menu.

Doch bei all diesen nicht immer angenehmen Vorbereitungen blieb mein wohl größtes Problem: die erforderlichen Mittel für das Projekt aufzutreiben. Flüge in die kanadische Arktis, Charterflüge zum Ausgangspunkt, der geplante Abholflug vom Nordpol – das lag kostenmäßig für mich damals in Schwindel erregenden Höhen. Ich lieh mir Geld, verschuldete mich trotz der Unterstützung, die ich von allen Seiten erhielt. Hinzu kam, dass ich letztlich allein war. Ich hatte zwar Freunde, mit denen ich reden konnte, aber meistens endeten die Gespräche damit, dass ich sie beruhigen musste, versuchte ihnen die Sorge um meine Gesundheit zu nehmen und die ganze Sache ein wenig zu bagatellisieren, obwohl mir selbst ganz und gar nicht danach zumute war. Ich empfand die ganze Ernsthaftigkeit des Projektes und hätte selbst Zuspruch nötig gehabt. Aber mich festigte dieses Vorhaben auch und *ich spürte, dass die ständigen Selbstzweifel irgendwie einen Sinn hatten: Ich wurde noch vorsichtiger, kritischer, hinterfragte meine Entscheidungen und stellte sie immer wieder auf den Prüfstand.* Die Leichtfertigkeit des Handelns, die bei meinen ersten Unternehmungen noch kennzeichnend war, gab es nicht mehr. Ich war professionell geworden, ernsthafter, war mir der Konsequenzen bewusst.

Ich entsinne mich noch sehr gut an jenen letzten Abend in der Wohnung meiner Mutter, als ich die ganze Nacht hindurch letzte Ausrüstungspakete schnürte. Zugleich schnürte es mir den Hals zu. Meine Freundin Brigitte stand mir wie immer zur Seite, versprühte Fröhlichkeit, obwohl ihr überhaupt nicht danach zumute war. Meine Mutter war ernst, aber voller Vertrauen in die Vorbereitung. Irgendwie hatte ich das Gefühl, als ob ich in den Krieg ziehen würde. Ich nahm Abschied. Von den vertrauten Dingen, die mich umgaben, von Brigitte, von meiner Mutter, meinen Freunden und der Familie. Innerlich war ich aufgewühlt und ausgebrannt, nach außen tat ich cool und souverän – ich hatte mich, glaube ich, ganz gut im Griff. Einer der größten Unterschiede zwischen einem Leistungssportler und einem Expeditionsreisenden liegt vielleicht darin, dass letzterem keiner den Rücken freihält. Es gab keinen Manager, keinen Pressesprecher, kein Organisationsbüro oder dergleichen. Ich war das alles in Personalunion. Körperlich war ich topfit, innerlich war ich zwar motiviert, aber durch die vielseitigen Aufgaben und für mich ungewohnten Verpflichtungen, die ich hatte abwickeln müssen, zugleich ein wenig ausgebrannt, bevor es eigentlich losging. Aber ich war eben immer noch jung und relativ unerfahren.

Beim Eintreffen im kanadischen Resolute Bay, einer trostlosen Barackensiedlung im Norden der kanadischen Arktis, wurde ich schlagartig auf den Boden der Tatsachen geholt. 40 Grad Celsius unter Null zeigte das Thermometer, dazu wehte ein eisiger Wind – dagegen war es in den Kühlhäusern geradezu kuschelig warm gewesen. Die Unterkunft im einzigen Hotel vor Ort kostete 160 US-Dollar, auch für heutige Verhältnisse kein Pappenstiel, für mich stellte diese Summe ein schier unglaubliches Vermögen dar. Die Gespräche mit den Repräsentanten der beiden Charterfluggesellschaften, die offenbar allesamt an meinem Geisteszustand zweifelten, verliefen ebenso fruchtlos wie frustrierend.

Wohl hatte man mir auf dem Postwege zugesichert, mich am Cape Columbia abzusetzen, aber offenbar hatte man nicht ernsthaft damit gerechnet, dass ich verrückt genug sei, tatsächlich zu kommen. »Verrückte Anfragen bekommen wir ständig, aber keiner kommt tatsächlich bis hierher.« Ich war aber da und versuchte alles, um so schnell wie möglich das teure Hotel zu verlassen und mit einem Flieger zum Ausgangspunkt meiner Träume zu gelangen. Die Träume zerplatzten in der arktischen Realität wie eine Seifenblase. Die Preise für die Charterflüge stiegen täglich. Immer wenn ich zähneknirschend den geforderten Preis akzeptierte, stieg er um einige weitere tausend Dollar – bis ich schließlich begriff: Man wollte mich nicht einfliegen! Offenbar hatte man Angst vor der Verantwortung und eventuellen Folgekosten. Es dauerte, bis ich dahinter kam. Ein Mitarbeiter in kanadischen Regierungsdiensten teilte mir es schließlich vertraulich, aber auch unmissverständlich mit. Man hatte die Fluggesellschaft wissen lassen, dass man sie im Notfall für

Aus Misserfolgen lernen

Die Grundlagen des polaren Reisens lerne ich von den Inuit. Hundeschlitten fahren at it's best.

die Bergung zur Verantwortung ziehen würde. Das Risiko wollte man nicht tragen. Danach brach für mich eine Welt zusammen.

Das Projekt war gescheitert, bevor es so richtig begonnen hatte. All die Leute, die an mich geglaubt hatten, die mir trotz der Skeptiker und Kritiker Unterstützung hatten zukommen lassen, sie hatte ich enttäuscht. Und es war völlig unerheblich, woran das lag, ob ich es letztlich mangelhafter Vorbereitung hatte zuschreiben müssen oder einfach der Sturheit der zuständigen Behörden. *In jedem Fall trug ich die Verantwortung,* da gab es nichts zu beschönigen. Ich fühlte mich als Hochstapler, als jemand, der den Mund zu voll genommen hatte, der seine Versprechungen nicht einlösen

Aus Misserfolgen lernen

Es braucht viel Geschick, Übung und den richtigen Schnee, um ein Iglu zu bauen.

konnte – ich fühlte mich elend und mochte kaum in den Spiegel blicken. Ich zog aus dem Hotel aus, baute mein Zelt unweit der Landepiste an einer zugigen, windigen Ecke auf und betrachtete das in sich zusammengefallene Kartenhaus meiner ehrgeizigen Träume.
In dieser Verfassung traf mich Bezal an. Bezal war ein Inder, der seit einiger Zeit in Resolute zusammen mit seiner Frau Terry lebte und der von dem sonderbaren Deutschen, der verdrossen bei 40 Grad Kälte im Zelt hauste, gehört hatte. Bezal hatte in Hamburg Maschinenbau studiert und war neben vielen anderen Talenten, die er besaß, ein Sprachgenie. In breitestem Hamburgisch sprach er mich an, und wenig später saßen wir zusammen in seinem Haus. Ich war froh, endlich jemanden zum Sprechen gefunden zu haben. Bezal war nicht

nur ein Kenner der Arktis, er verstand offenbar auch eine ganze Menge von Psychologie. Jedenfalls gelang es ihm, mich einerseits zu trösten und mich gleichzeitig andererseits schonungslos auf den Boden der Tatsachen zurückzuholen. Schließlich brachte er es auf den Punkt:
»Du bist einfach noch nicht so weit! Dir fehlt Erfahrung. Anstatt deine Sachen zu packen und nach Hause zu fliegen, wirst du jetzt die nächsten Monate hier bleiben, Touren unternehmen und in die Lehre gehen.« Ich war platt. An Selbstbewusstsein mangelte es mir nicht, der Nordpol war für mich vermeintlich gerade das angemessene Ziel, aber wie Recht Bezal hatte, sollte ich in den folgenden Monaten erfahren. Ich war ein Greenhorn und wusste von den wesentlichen Dingen der Arktis rein gar nichts. Klar, ich verfügte über Kocher und Zelte, über Funkgeräte und hochwertige Nahrung –, aber meine Einstellung und mein Erfahrungspotential waren unausgeglichen und bei weitem nicht ausreichend. Ich hatte den Fehler gemacht, den ich später bei anderen Newcomern immer wieder beobachten konnte: *Es gehören eine gewisse Reife und Erfahrung dazu, um eine solche Aufgabe zu bewältigen.*

Gemeinsam mit Bezal arbeitete ich nun Touren in die Umgebung aus. Während einer dieser Touren geriet ich in einen Sturm und erfror mir nur zwanzig Meilen von Resolute Bay entfernt einige Zehen und die Fersen. Die hoch gelobten Plastikstiefel, die ich auch auf dem Weg zum Pol tragen wollte, waren völlig ungeeignet für den Temperaturbereich, mein selbst gebauter Schlitten war zu schwer und zu sperrig. Nach meiner Rückkehr ging ich zerknirscht daran, meine erfrorenen Zehen zu pflegen und gleichzeitig die Ausrüstung zu verändern. Tag für Tag, Woche für Woche und Monat für Monat durchlief ich eine Metamorphose von einem zwar begeisterungsfähigen und hoch motivierten, aber engstirnigen und in arktischen Dingen unerfahrenen Abenteurer hin zu einem polaren Handwerker. Ich lernte und wurde zum Pragmatiker.

Ein weiteres Schlüsselerlebnis war, als Bezal, der neun Sprachen flie-

Aus Misserfolgen lernen

ßend sprach, darunter auch Inuktitut, eine Gruppe von Inuitjägern überredete, mich auf eine Jagdreise mitzunehmen. Sie taten es nur widerwillig und nur Bezal, den sie sehr schätzten, zum Gefallen. Mich empfanden sie als Ballast und ließen mich das auch deutlich spüren. Mit Motorskootern und Schlitten ging es in den Lancaster Sound auf Eisbärenjagd, geschlafen wurde in Iglus, die jeden Abend neu gebaut wurden. Obwohl sie alle Englisch sprachen, redeten sie mit mir nur das Allernotwendigste, darüber hinaus ignorierte man mich, als wäre ich gar nicht dort. Ich wurde zu niederen Diensten eingeteilt, musste Schnee holen, durfte Sachen vom oder zum Iglu schleppen und ansonsten daneben stehen. Nachdem das über eine Woche so ging und ich mich fragte, warum ich so von oben herab behandelt wurde, brachen sie alle unvermittelt in schallendes Gelächter aus. Sie hatten mich auf die Probe stellen wollen »Wir hätten niemals geglaubt, dass du es solange ohne zu reden mit uns aushältst, und wir haben darauf gewartet, wann du dich beschwerst.« Ich hatte mich nicht beschwert, sondern die Situation stoisch ertragen. Das hatte mir Respekt eingetragen. Damit war der Bann gebrochen. Fortan wurde ich akzeptiert. Nachdem ich in einem Iglu den defekten Motor eines Skidoos komplett zerlegt, repariert und wieder zum Laufen gebracht hatte, war ich in die Jagdgemeinschaft aufgenommen.

Von jetzt an wurde ich freigiebig in alle Bereiche des polaren Reisens eingeweiht. Ich wurde sogar von Hand zu Hand gereicht, wobei immer wieder Bezal vermittelnd seine Hände im Spiel hatte. Von Larry Audlaluk lernte ich Hundeschlitten fahren, ich erfuhr, wie ich mich ohne Kompass und bei dichtem Nebel nur anhand von Schneedriften orientieren konnte. Ich lernte, mich an Robben anzuschleichen oder Maßnahmen gegen hungrige Eisbären zu ergreifen. Als ich nach Monaten schließlich wieder nach Hause kam, war der Frust über die missglückte Nordpolexpedition gemildert. Ich hatte etwas aus der Zeit gemacht und in den Monaten in der Arktis mehr gelernt als jemals zuvor.

Aus Misserfolgen lernen

Die Inuit sind von jeher Jäger gewesen. Ihnen allein ist es erlaubt, Eisbären zu jagen.

Rückblickend kann ich nur sagen, es war ein Segen, dass aus der Expedition nichts geworden ist! Denn selbst wenn ich sie ohne körperliche Schäden überlebt hätte, erfolgreich wäre ich sicher nicht gewesen. Und: Ich hätte niemals die Erfahrung gesammelt, wie ich sie im Scheitern unter der fachkundigen Obhut von Bezal und den Inuit hatte machen können. *Ich hätte den zweiten Schritt vor dem ersten gemacht, und das hätte sich irgendwann gerächt.* So hatte ich einen harten und intensiven Reifeprozess durchlaufen, der zwar so nie geplant, der aber für meinen weiteren Werdegang überlebenswichtig war. Bezal, der vor einigen Jahren tragischerweise an einem Herzinfarkt gestorben ist, verdanke ich wirklich sehr viel. Den Menschen, die mir Stolpersteine in den Weg legten, in gewisser Weise

Aus Misserfolgen lernen

In traditioneller Karibukleidung gegen die Kälte geschützt lerne ich den Umgang mit Schlittenhunden.

auch. Jene, die mir mit Häme nach meiner Rückkehr begegneten, waren mir letztlich egal. Und Mitleid wollte ich ohnehin keines – es wäre auch völlig unangebracht gewesen. Wichtig war vielmehr, dass ich mir selbst ins Gesicht blicken konnte, und das tat ich mit einem Schmunzeln und einem zuversichtlichen Blick zugleich. Ich wusste jetzt, wo ich stand, hatte jene Ernsthaftigkeit erreicht, die

zum Überleben auf Polarexpeditionen erforderlich ist. Ich würde mir, das wusste ich genau, so schnell keinen weiteren Flop leisten! An der Natur zu scheitern, lag immer im Bereich des Möglichen und liegt auch heute noch geradezu in der Charakteristik einer Expedition. Damit würde ich leben können. *Was ich mir aber fortan nicht verzeihen würde, wäre ein Mangel an Vorbereitung, Planung, Recherche oder anderen vorab zu leistenden Dingen.* Und ich hatte beschlossen, dass meine Lehrzeit noch intensiviert werden musste. Ich hatte plötzlich Spaß am Lernen bekommen und begann, meine Erkenntnisse für ein neues Projekt sofort in die Tat umzusetzen.

◆ Bei der Planung eines größeren Projektes ist es durchaus von Vorteil, Selbstzweifel zuzulassen: Sie führen dazu, Entscheidungen zu hinterfragen und sie wieder und wieder auf den Prüfstand zu stellen.

◆ Man ist nie aus dem Stadium heraus – besonders vor größeren Aufgaben – noch dazulernen zu müssen.

◆ Für das Dazulernen sollte man sich stets kompetente Lehrer aussuchen und sich – egal wo man sonst im Leben steht – wie ein Lernender benehmen und fühlen, was auch bedeuten kann, Dinge und Situationen anzunehmen, über die man sich eigentlich erhaben glaubt.

◆ Fehler sind notwendig, um aus ihnen zu lernen. Die auf sie verwendete Zeit scheint nur auf den ersten Blick vergeudet.

◆ Vorbereitung, Planung, Recherche oder andere vor dem eigentlichen Projekt zu leistende Dinge erfordern eine hohe Verantwortung. Jeder muss sich überlegen, ob er es sich leisten kann, diese Aufgaben mangelhaft zu erledigen.

Alleingang

*Wer nicht bereit ist, etwas von sich preis-
zugeben, der hat auch nichts zu sagen!*

Alleingang

Noch immer war ich allein unterwegs. Diese Alleingänge, die ich in der kanadischen Arktis unternahm, immer mit dem Hintergedanken, mich weiter zum Polarexperten zu entwickeln, sorgten in der Öffentlichkeit für unterschiedliche Reaktionen. Die einen hielten mich für einen verschrobenen Sonderling, die anderen für einen furchtlosen Draufgänger. Menschen sind offenbar nicht gern allein. Die Vorstellung, dass jemand freiwillig nur mit einem Schlitten und seiner Ausrüstung im Schlepp Hunderte von Kilometern durch die Eiswüste stapft, erschien vielen Beobachtern der Inbegriff psychischer und physischer Härte gegen sich selbst zu sein. Soloexpeditionen gelten vielen Menschen als die ultimative Härte. Ich empfand das dagegen ganz anders. Mir machte es nichts aus, allein zu sein, im Gegenteil. Ich brauchte mich nicht auf andere einzustellen, konnte mir den Tagesablauf, die Etappen, Nahrungsmittel etc. so einteilen, wie ich es für richtig empfand. Ich war freier, unabhängiger in meinen Entscheidungen. Und als gefährlicher empfand ich es damals auch nicht. Gefahr tritt in den unterschiedlichsten Formen auf. Für mich war die Frage der Sicherheit mehr ein Umstand der Planung, der Logistik, des Know-how, der Ausrüstung und der persönlichen Einstellung. Diese Rechnung ging nicht immer auf, in einem Fall sollte mir das besonders deutlich vor Augen geführt werden.

Es war 1981 auf einer meiner langen Solotouren, als ich eines Abends kalt und hungrig mein Zelt aufgebaut und gerade mit steifen Fingern den Kocher angezündet hatte. Den Schlitten hatte ich sicherheitshalber etwa 30 Meter vom Zelteingang entfernt geparkt. Das macht man deshalb so, um ungebetenen Bärenbesuch abzulenken, beziehungsweise rechtzeitig vorgewarnt zu werden, um dann geeignete Maßnahmen zu treffen. Das System funktionierte wie im Lehrbuch – zumindest am Anfang. Während ich kurzfristig den Zelteingang öffnete, um Schnee zum Schmelzen in den Topf nachzulegen, sah ich einen Eisbären neben meinem Schlitten stehen. Eisbären sind stattliche Tiere. Angst haben

Die Alleingänge verloren für mich bald an Reiz. Das Teamerlebnis ist für mich das stärkere Moment.

sie keine, schon gar nicht vor einem vereinzelten Menschen in einem winzigen Zelt. Er würdigte mich nur mit einem kurzen Seitenblick, dann ging er daran, meinen Schlitten systematisch auseinander zu nehmen, um an die Nahrungsmittel zu gelangen. Ich hatte ein großkalibriges Gewehr dabei und fühlte mich deshalb relativ sicher. Langsam, um ihn nicht auf mich aufmerksam zu machen, kramte ich meinen Karabiner hervor, überzeugte mich, dass er geladen war und stellte mich dann zur vollen Größe auf. Jetzt fühlte ich mich bedeutend sicherer. Ich wollte das Tier nicht töten, aber ver-

Alleingang

treiben, deshalb zielte ich unmittelbar vor den Bären in den Schnee. Die Inuit hatten mir diesen Trick empfohlen. Bären mögen keinen Krach, der Schuss würde ihn vertreiben. Der Bär spähte zu mir herüber, ich drückte ab – und nichts passierte. Ich versuchte es erneut, aber offenbar war der Verschluss eingefroren. Das Gewehr hatte ich im Zelt liegen gehabt, Wasserdampf war kondensiert und gefroren, die Zusammenhänge schossen mir klar und unmissverständlich durch den Kopf – Anfängerfehler! Gefesselt hing mein Blick an dem nur 20 Meter entfernt stehenden Bären, dessen Interesse hin- und hergerissen war zwischen meinem Schlitten und mir.

Ich trug dünne Handschuhe, legte die Handfläche auf den Verschluss des Gewehres und spürte die schneidende Kälte des Metalls, aber das war in dem Moment egal. Ohne Handschuhe wäre die Haut am Metall festgeklebt, das dünne Textil dazwischen verhinderte das Schlimmste. Gerade als der Bär das Interesse an dem Schlitten verlor, funktionierte der Verschluss wieder. Ich schoss zweimal, der Bär machte einen Satz und lief davon, blieb in einiger Distanz stehen, ich schoss

Alleingang

erneut, bis das Magazin leer war und ich den Bären nicht mehr sehen konnte. Ich war völlig ausgekühlt und innerlich aufgewühlt. Nachdem ich mich im Zelt über dem Kocher ein wenig aufgewärmt hatte, machte ich eine Schadensanalyse: Mein Holzschlitten war teilweise zerbrochen, der Proviant zum Teil gefressen oder zerstört und mein Vertrauen in das Gewehr erschüttert.

Sorgfältig reinigte ich es und erwischte mich, während ich heißen Tee trank, immer wieder bei der Frage: »Was ist, wenn der Bär zurückkommt?« Wie berechtigt die Frage war, erkannte ich einige Stunden später.

Eisbären in ihrem natürlichen Umfeld zu beobachten, zählt zu den absoluten Highlights. Für den Polarreisenden stellen sie jedoch eine nicht unerhebliche Gefahr dar.

Alleingang

Wenn man allein ist und den ganzen Tag einen schweren Schlitten gezogen hat, muss man irgendwann schlafen. So auch in jener Nacht. Unruhig zwar, und immer wieder durch vermeintliche Geräusche aufgeschreckt, versank ich in einen dämmrigen Halbschlaf. Bis zu dem Zeitpunkt, als plötzlich jemand in den frühen Morgenstunden mit schweren Skistiefeln um mein Zelt stapfte.
»Wer kann das sein? Warum sagt der nichts? – Idiot, weil er nichts sagen kann – Scheiße, es ist der Bär!«
Stocksteif und so flach atmend wie irgend möglich lag ich in meinem Schlafsack und schwitzte Blut und Wasser. Der Bär tapste gemächlich einige Mal ums Zelt herum, schnüffelte an allen Ecken, um dann schließlich nach einer mir endlos erscheinenden Zeit Gott sei Dank am Fußende anzufangen, das fragile Zelt mit einigen Prankenhieben zu öffnen. Dieses Mal funktionierte das Gewehr. Ich hielt es im Schlafsack liegend direkt nach oben und feuerte in die Luft. Jetzt hätte ich zwar nicht gezögert, den Bären zu töten, aber ich konnte ihn unter den Zelttrümmern nicht sehen, und ein verwundeter Bär ist noch gefährlicher als ein unverwundeter. Also schoss ich in die Luft und hatte Glück – der Bär trollte sich. Einmal davon abgesehen, dass mir der Schrecken durch Mark und Bein gefahren war und ich innerlich aufgewühlt war, funktionierte ich wie eine Maschine. *Es gelang mir, den Schrecken wegzudrücken, ich ließ ihn nicht an mich ran.* »Das kann später kommen, nur nicht jetzt.« Mein Zelt war kaputt, mein Schlitten defekt, Teile meiner Ausrüstung sowie des Proviants unbrauchbar geworden – und das alles weitab jeglicher Siedlung und bei Temperaturen um die – 40 °C. Was tun? Jetzt halfen mir der Pragmatismus und das Training der vorangegangenen Monate. *Ich war mit der Situation nicht überfordert – das war das Entscheidende.* Ich konnte den Schlitten notdürftig reparieren, das Zelt ebenfalls, wenn es auch keinen Sturm mehr ausgehalten hätte, und machte mich auf den Weg. Über Funk hatte ich Bezal von dem Vorfall informiert. Nach einigen Tagen traf ich mit ihm sowie einer

Alleingang

Am Morgen nach dem Besuch eines Eisbären untersuche ich mein zerstörtes Zelt. Ich bin noch mal mit dem Schrecken davongekommen.

Gruppe Inuit zusammen. Bis zu diesem Zeitpunkt befand sich der Bär ständig in meiner Nähe. Zu schlau um auf Schussweite heranzukommen, beobachtete er sein Opfer geduldig und ausdauernd. Irgendwann hätte ich schlafen müssen, und dann wäre er da gewesen. Noch niemals hatte ich das Gefühl gehabt, nichts anderes als ein Stück Wild, eine Mahlzeit für jemand anderen zu sein. Aber genau das war ich jetzt. Es wäre eine Frage der Zeit gewesen. Entweder wäre es mir gelungen, den Bären hereinzulegen, oder aber der Bär hätte mich erwischt. Erst die Inuit, die mit Bezal auf Motorskootern kamen, vertrieben ihn endgültig. Ich war wieder in Sicherheit und um einige Erfahrungen reicher. Aber das war das einzige Mal, wo ich mir gesagt habe: »Wenn du jetzt einen Partner zur Seite hättest, könntest

Alleingang

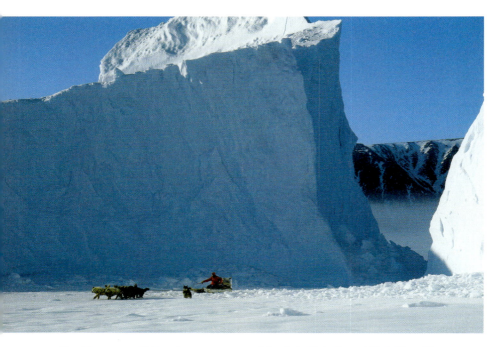

Der Umgang mit Hundegespannen geht mir in Fleisch und Blut über. Man muss die Charaktereigenschaften eines jeden Tieres kennen, sonst funktioniert das Hundeteam nicht.

du dich mit dem Schlafen abwechseln, während einer jeweils wacht.«
Es war aber weniger der Sicherheitsaspekt, der mich schließlich von den Solotouren abbrachte, als vielmehr der Umstand, dass es mir letztlich zu langweilig wurde. Ich komme durchaus gut mit mir allein klar. Auch ist es nicht so, dass mich das Alleinsein bedrückt. Aber nur mein Tagebuch und ich – das war mir auf Dauer einfach zu wenig. Ich bin ein Mensch, der sich gern mitteilt, der sich gemeinschaftlich freut oder auch ärgert, der im Team diskutiert, Probleme anpackt, es führt.

Alleingang

Kurzum, ich bin ein bekennender Teamworker. Diese Soloexpeditionen schmeckten mir zu sehr nach Egozentrik, nach Introvertiertheit, Selbstinszenierung und Selbstverliebtheit – nach dem Motto »nun guckt mal alle her, was ich für ein tolles Kerlchen bin.«
Wer nicht bereit ist, etwas von sich preiszugeben, der hat im Grunde genommen auch nichts zu sagen! Je größer ein Team ist, desto komplexer und desto interessanter wird es. Es ist immer einfacher, allein mit sich klar zu kommen, als unter Expeditionsbedingungen mit zehn anderen Personen eine gemeinsame Meinung auszuarbeiten. Verschiedene Individuen, womöglich noch aus unterschiedlichen Sprach- und Kulturräumen auf eine Idee einzuschwören und zum Team zu formen, das schien mir damals wie heute die große Herausforderung zu sein. *Das Ziel oder das Einsatzgebiet ist dabei tatsächlich bisweilen zweitrangig, das Funktionieren des Teams ist entscheidend, damit lässt sich dann fast alles erreichen.*

- Gerade wenn man – in unternehmerischen Belangen ebenso wie auf Expeditionen, im Sport oder in der Freizeit – etwas im Alleingang tut, sollte man mental so weit gerüstet sein, dass man auf Unvorhergesehenes möglichst rational reagieren kann.

- Gegenüber von Solounternehmungen hat ein Team den Vorteil, sicherer, komplexer und unterhaltsamer zu sein.

- Mit einem funktionierenden Team lässt sich fast alles erreichen. Ursprünglich gesteckte Ziele können aufgrund der hohen Qualität der Zusammenarbeit durchaus zweitrangig werden. Entscheidend ist die Qualität der Zusammenarbeit.

Gutes Team – schlechtes Team

»Handle so, dass die Maxime deines Willens jederzeit zugleich als Prinzip einer allgemeinen Gesetzgebung gelten könnte.«
(Immanuel Kant)

Gutes Team – schlechtes Team

Die Solotouren verloren für mich schnell an Attraktivität. Weniger aus der Überlegung heraus, dass sie möglicherweise gefährlicher wären als jene mit mehreren Teilnehmern. Es geschah vielmehr aus dem Verlust an Erlebniswert: Jeder weitere Teilnehmer stellt eine Art Multiplikator dar. Ein Partner macht einen auf Dinge aufmerksam, die man selbst nicht sieht. Man diskutiert und bewertet Erlebnisse und vertieft sie dadurch. Eindrücke verstärken sich. Nach meiner Definition steigert sich damit die Effektivität. Das setzt allerdings voraus, dass einem der »richtige« Partner zur Seite steht.

Ich bin ein Mensch, der sich gern in Gemeinschaft freut, ärgert, staunt oder lacht. Gleichwohl ist es natürlich nicht einfacher. Je mehr Individualisten aufeinander treffen, umso schwieriger wird es sein, jeden Teilnehmer auf eine gemeinsame Linie einzuschwören. Ich weiß von geplanten Weltumsegelungen, zu denen sich langjährige, vermeintlich oder tatsächlich »gute« Freunde zusammengetan hatten. Voller Enthusiasmus war

man gestartet – und bereits auf Helgoland heillos zerstritten auseinander gegangen. Es gibt andere, schlimmere Beispiele, bei denen es sogar zu Mord und Totschlag gekommen ist. Ich selbst habe auf einer späteren Expedition diesbezüglich – wenngleich nicht so dramatisch – Lehrgeld bezahlen müssen, doch davon später mehr.

Es macht also nur Sinn, mit einem Team – ganz gleich wie groß oder klein es auch sein mag – zu starten, wenn die Spielregeln und die individuellen Erwartungshaltungen klar definiert, von allen akzeptiert und für gut befunden worden sind. Das gilt durchaus nicht nur für Expeditionen! Es muss im Vorwege über alles und jedes gesprochen werden – auch über den Tod. *Tabuthemen darf es nicht geben.* Nur allzu gern klammert man unbequeme Themen aus, getreu dem Motto: »Wir sind doch alle Freunde!« Wer das zulässt, hat sich sozusagen einen Virus auf der Festplatte eingelagert, der urplötzlich aktiv werden und das gesamte Gefüge einer Mannschaft zerschlagen kann. Als ich 1983 zusammen mit zwei Freunden eine Hundeschlitten-Expedition über das grönländische Inlandeis plante, schlossen wir untereinander einen Vertrag. Darin war alles geregelt, was wer und wie viel bezahlte, welche Rechte und Pflichten jeder hatte und wie sich die Überlebenden zu verhalten hätten, wenn einer aus dem Team zu Tode käme. Juristisch war dieser Vertrag wahrscheinlich nicht das Papier wert, auf dem er stand – darum ging es aber auch gar nicht. Für uns war in dieser Situation entscheidend, den romantisch verklärten Blick auf ein vermeintlich harmonisches Erlebnis zu klären und für die kompromisslos harten Lebensbedingungen des grönländischen Inlandeises zu schärfen. Es waren das Gedankengerüst und die selbst definierte Ethik, an denen wir uns entlanghangeln konnten.

Meine eindrucksvollste Lektion in Sachen Teamarbeit erhielt ich 1989. Damals wurde ich von dem Engländer Robert Swan als einziger deutscher Vertreter zu der Icewalk-Nordpol-Expedition eingeladen. Der Nordpol! Seit meinem ersten gescheiterten Versuch, ihn im Alleingang zu erobern, hatte er mich gedanklich nicht mehr losgelassen. Es war für mich wie eine Art Vermächtnis, das zu erreichen ich noch einmal antreten musste. Ich war es mir selbst und allen anderen schuldig – so dachte ich damals. Ich wollte unbedingt an den Nordpol, und sei es ein noch so trostloser Ort. Das Erreichen des Nordpols ist die Entdeckung des Nutzlosen, aber für mich war es wichtig.

Die Einladung kam gerade richtig. Ich hatte in den Jahren zwischen dem ersten Versuch und der geplanten Expedition viel gelernt und an Erfahrung gewonnen. Ich war körperlich topfit und hoch motiviert. An Selbstbewusstsein mangelte es mir jedenfalls nicht. Und ich war auch mental gewappnet. War bereit, mir äußerste Disziplin aufzuerlegen, zu frieren und körperliche wie seelische Qualen zu durchleben. Das war – soviel war mir klar – das Geringste, was ich zu geben bereit sein musste. Die Mannschaft bestand aus insgesamt acht Teilnehmern, die allesamt aus verschiednen Nationen kamen – wobei Rupert Summerson, der Schotte im Team, sich durchaus einer eigenen Nation zuordnete.

Gutes Team – schlechtes Team

Es war ein Japaner, Hiroshi Onishi dabei, der so gut wie kein Englisch sprach, ein russischer Arzt, Mikhail Malachov, der noch sehr vom Sowjetsystem geprägt war und dessen Vater während des letzten Krieges im KZ Dachau interniert war. Angus Cockney war ein Inuk, Mitglied der kanadischen Crosscountry-Nationalmannschaft, gleichwohl war er im Süden Kanadas aufgewachsen und noch niemals zuvor in der Arktis gewesen. Graeme Joy war Australier, ein Mann mit markigen Sprüchen, derbem Humor und schwankenden Gemütsbewegungen. Darryl Roberts war der Jüngste im Team. Ein junger Farbiger aus New York, der als Einziger von uns außer einem Aufenthalt in einem Trainingslager keinerlei Erfahrungen mit dem polaren Klima hatte.

Das erste gemeinsame Treffen fand mitten im Winter in Ottawa statt, von wo wir aus in die polare Nacht nach Iqaluit auf Baffin Island flogen, um dort gemeinsam zu trainieren, uns kennen zu lernen und die Taktik und Ausrüstung abzustimmen. »Abstimmen« war vielleicht nicht das richtige Wort.

Wie ich selbst, so waren auch alle anderen mit Ausnahme von Darryl und Angus davon überzeugt, ausgewiesene Polarexperten zu sein und genau zu wissen, was wir benötigten und wie wir verfahren müssten. Konnte es denn eine unterschiedliche Auffassung darüber geben, welcher Kocher, welches Zelt oder welche Unterhose für die Expedition geeignet wäre? Ich zweifelte keinen Moment daran, dass wir alle zu demselben Schluss kommen würden – wie grenzenlos naiv! Es gab mindestens sechs, meist sogar acht verschiedene Meinungen zu allem und jedem, und während wir uns tagsüber in der polaren Nacht bei extremer Kälte auf Ski und mit Schlitten im Schlepp durch die Packeisfelder mühten, verbrachten wir die Abende und Nächte mit nicht enden wollenden Diskussionen über den geeigneten Proviant, die Ausrüstung und die Strategie. Ein außen stehender Beobachter wäre sicher zu dem Schluss gekommen, dass dieses Vorhaben schon im Ansatz gescheitert war. Mikhail, der sich mir gegenüber anfangs sehr reserviert verhielt und keinen Hehl da-

Gutes Team – schlechtes Team

Um der Enge des Zeltes zu entfliehen, schlafen Robert und ich unter freiem Himmel, jeder auf seinem Pulkaschlitten.

raus machte, dass er gegen Deutsche ein tiefes Misstrauen hegte, nagelte mich in endlosen und unergiebigen Diskussionen über Nahrungsmittel und Essgewohnheiten fest. Die russische Sicht der Dinge war – wenngleich sicherlich nicht falsch – nicht deckungsgleich mit der deutschen, der australischen, der japanischen, schottischen, amerikanischen oder kanadischen.

Es war ein außerordentlich freudloses Tohuwabohu. Nachdem wir eines Abends wieder ohne konkrete Ergebnisse über verhärtete Fronten und Vorstellungen debattierten, platzte mir schließlich der Kragen und ich sprach aus, was insgeheim jeder dachte: »Wenn wir es nicht einmal schaffen in der Vorbereitungsphase gemeinsame Entscheidungen zu treffen, dann wird

Gutes Team – schlechtes Team

uns das auf dem Nordpolarmeer bestimmt erst recht nicht gelingen.« Zumindest darin waren wir uns alle einig.

Nach Monaten der Vorbereitungen konnten wir endlich Kompromisse schließen, mit denen zwar keiner so richtig glücklich war, aber jeder hatte erkannt, dass er Abstriche von seiner Meinung machen musste.

Es fehlte in dieser Situation ganz sicher ein Entscheidungsträger, der dem Team gewisse Vorgaben gemacht hätte, ohne über dessen Köpfe hinweg zu agieren. Das ist eine Gratwanderung, aber *jedes Team braucht Leitfiguren,* die gewisse Vorgaben machen. Robert war diesbezüglich zu gutmütig, wenngleich er ansonsten eine sehr charismatische und engagierte Persönlichkeit war.

Als wir uns im März bei Temperaturen von –50 °C auf dem Packeis vor der Nordküste der kanadischen Ellesemere-Insel wiederfanden, sprangen uns die brutale Kälte, der eisige Wind und die zerklüfteten Packeisfelder wie ein wildes Tier an. Die Kälte zerriss das Tarnnetz aus Eitelkeiten und Profilierungsversuchen, und nach kürzester Zeit waren wir alle sehr still und sehr einsam und sehr kalt geworden. Amundsen hat einmal gesagt: »Der Mensch kann sich bis zu einem gewissen Grade an die Kälte gewöhnen, sich aber niemals mit ihr aussöhnen.« Diese uns umgebende Kälte war nicht nur schwer zu ertragen, sie war brutal, beherrschte Geist und Körper und schien all unsere Bemühungen und Vorbereitungen zu verhöhnen. Wir fühlten uns elend. Zuflucht suchten wir in der Aktion. Wir liefen los, die schwere Ausrüstung im Schlepp, Stunde um Stunde, gegen die Müdigkeit, den inneren Schweinehund und die allgegenwärtige Kälte ankämpfend. Nachts bauten wir unser Zelt auf, eine unglückselige, wacklige russische Hybride aus Ski und Spezialgestängen, für dessen Errichtung wir bis zu einer Stunde brauchten. Darin mussten alle acht von uns Platz finden. Acht ausgewachsene Männer in Polarkleidung mit dicken Schlafsäcken, persönlichen Ausrüstungsgegenständen, zudem zwei Kochern, Töpfen, Essgeschirr, Funkgerät etc. Die Enge war kaum zu ertragen.

Wenn jeder in seinem Schlafsack lag, dann war das etwa so dicht gedrängt wie die vielfach zitierten Sardinen in der Dose. Anfangs waren wir eine schwerfällige, langsame und uneffektive Expedition – genau das Gegenteil von dem, was wir uns vorgenommen hatten.

Hinzu gesellten sich Krankheiten und Verletzungen. Ein eingeschleppter Erkältungsvirus machte die Runde, Robert plagte ein altes Rückenleiden, Hioshi hatte entzündete Mandeln, erste Erfrierungen an Gesicht und Fingern zeichneten sich bei allen ab, und schließlich traf es Darryl besonders hart. Während des Tages war er verschiedentlich stehen geblieben, weil ihn seine rechte Ferse und die Zehen schmerzten. Anstatt seine Strümpfe zu ordnen und die Füße zu überprüfen, biss er die Zähne zusammen und stapfte wei-

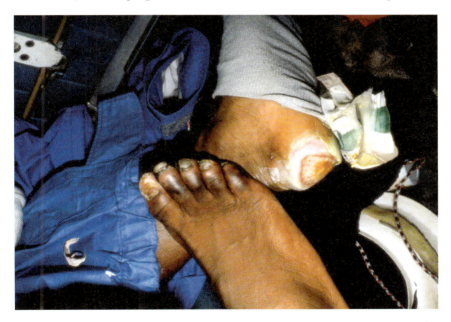

Zeugnis größter Willensleistung: die erfrorenen Zehen und die Ferse von Darryl. Seine Leistung war es, die uns letztlich zum Team zusammenschweißte.

Gutes Team – schlechtes Team

Bei –50 °C hat ein Schneehase uriniert. Der Urin ist sofort zu einer Eissäule erstarrt. Der Ausdruck »eine Stange Wasser lassen« findet hier seine Erklärung.

ter – mit verheerenden Folgen. Als er abends im Zelt mit schmerzverzerrtem Gesicht seine Stiefel und Strümpfe auszog, präsentierte er uns einen Fuß mit schweren Erfrierungen an den Zehen und der Ferse. Bereits während der Trainingstouren in Iqaluit hatte Darryl sich Erfrierungen an den Füßen zugezogen, jetzt war alles noch viel schlimmer geworden. Es war erst der sechste Tag unserer Expedition und schon stand sie auf der Kippe.

Nachdem Mikhail den Fuß verarztet und verbunden hatte, besprachen wir bei gedrückter Stimmung, was fortan zu tun wäre. Eine Evakuierung Darryls schien die sinnvollste Lösung, aber dann passierte etwas, von dem wir gleichermaßen alle überrascht waren und was die gesamte Expedition plötzlich aus dem Tal der Tränen führte: Darryl teilte uns mit ernstem Gesicht mit, dass er dennoch zum Pol laufen wolle – sofern wir damit einverstanden wären. Er wisse, dass er uns behindern würde, aber sein sehnlichster Wunsch sei es, mit uns gemeinsam den Pol zu erreichen.

Stille im Zelt. Schließlich widersprachen einige vehement: »Viel zu gefährlich, dir werden sie die Zehen amputieren, wenn du weiterläufst!« Mikhail hörte sich das alles mit Bedacht an und sagte dann, spürbar beeindruckt, folgendes: »Als Arzt werde ich tun, was ich kann, um die Wunden sauber zu halten und sie so vor Infektionen zu schützen. Und wenn sich die Wunden dennoch infizieren sollten, können wir dich immer noch evakuieren. Aber den

Schmerz kann ich dir nicht nehmen, da du nicht ständig unter dem Einfluss von Schmerzmitteln stehen kannst.« Darryl nickte grimmig und bekräftigte, dass er so verfahren wolle.

Mein Gedanke in dieser Situation war: »Warum tut er sich das an? Was ist an dem verdammten Pol so wichtig, um Gesundheit und Amputation zu riskieren?« Ich erinnerte mich an das erste Zusammentreffen mit Robert in Hamburg – lange vor der Expedition. Nachdem wir uns ausführlich unterhalten hatten und uns spontan mochten, fragte er mich abends beim Essen, was ich machen würde, wenn ich mir Erfrierungen einhandeln würde und die Fortsetzung der Expedition für mich bedeuten würde, einige Gliedmaßen zu verlieren. Er fragte: »Would you go on or turn back?« – »Turn back«, antwortete ich ohne zu zögern. »Correct answer«, war seine Reaktion. Keine Expedition ist es wert, dass dafür Menschenleben riskiert oder auch nur schwere Verletzungen in Kauf genommen werden. Expeditionen sind nicht wirklich wichtig – für einen selbst vielleicht, aber nicht um jeden Preis. Ich mag diese selbstzerstörerischen Elemente nicht, die nach dem Motto: »Ich will siegen oder untergehen« handeln.

Die Entscheidung Darryls wurde heftig diskutiert, und als wir uns schließlich einigten, dass Darryl weiter mit uns laufen würde, fand dieser Entschluss durchaus nicht die Zustimmung aller Beteiligten. Aber alle willigten ein, sich auf die veränderte Situation einzustellen und Darryl nach Kräften zu unterstützen.

Ich entsinne mich noch an den 25. März. Es war der kälteste Tag der Expedition mit gemessenen $-58\,°C$. Dabei war der Wind, der über das Eis blies und die Kälte noch viel schlimmer machte, nicht einmal berücksichtigt. Aber was heißt das eigentlich, $-58\,°C$? Das ist in der mitteleuropäischen Vorstellungskraft eine genauso abstrakte Größe wie etwa das Milliardendefizit des US-amerikanischen Staatshaushaltes. Man nimmt es zur Kenntnis, schüttelt gedankenverloren den Kopf und geht zur Tagesordnung über. Die Größenordnung ist schlichtweg

Gutes Team – schlechtes Team

nicht vorstellbar. Ich will es versuchen zu erklären:
Vielleicht hat schon mal jemand –25 °C beim Wintersport oder in Skandinavien erlebt. Wer meint, alles was darunter liege, sei so kalt, dass es eigentlich keinen Unterschied mehr machen könne, irrt gewaltig! Unterhalb von minus 30 °C spürt man die Temperatursprünge von einigen Graden unmittelbar. Unterhalb von –40 °C spürt man sogar den Abfall jedes einzelnen Minusgrades. Materialien verändern ihre Eigenschaften. Skibindungen brechen entzwei, Kunststoffe werden spröde und gehen kaputt, Petroleumkocher versagen ihren Dienst – und der Mensch ist an seiner Leidensgrenze angelangt. Jeder noch so kleine Fehler, jede Unachtsamkeit hat jetzt verheerende Folgen für den Organismus. Wenn ich in der Wüste oder im Dschungel meine Ausrüstung verliere, komme ich trotzdem noch zumindest eine gewisse Zeit lang über die Runden. Bei –50 °C kann der Verlust eines Handschuhs den Verlust der Hand nach sich ziehen – und zwar innerhalb weniger Minuten! Der Zeitfaktor ist dabei entscheidend. Die folgende Tabelle verdeutlicht die Auswirkungen des Windes auf die am Thermometer abgelesene Temperatur und die Auswirkungen Letzterer auf den Organismus.
Unterhalb von –50 °C dreht sich alles Tun, Handeln und Denken in erster Linie nur ums Überleben. Danach kommt lange nichts und dann erst die Bewältigung des täglichen Laufpensums. Und als wäre das alles an Widrigkeiten noch nicht genug, tauchen auf dem arktischen Ozean immer wieder Flächen offenen Wassers oder trügerisch dünnen Eises auf, das mittlerweile einigen Expeditionen zum tödlichen Verhängnis geworden ist. Wer bei –50 °C durchs Eis bricht und ins Wasser fällt, hat nur dann eine gewisse Überlebenschance, wenn er entweder einen wasserdichten Anzug trägt oder aber eine beherzte Mannschaft im Hintergrund weiß, die sich seiner sofort annimmt, ihm die augenblicklich vereisten Kleidungsstücke vom Körper schneidet und ihn im eiligst aufgebauten Zelt mit Kochern, Schlafsäcken und zugeführter Körperwärme aufwärmt. Die demora-

Kühleffekt des Windes														
Windgeschwindig-keit in km/h	Temperatur in – °C													
	9	12	15	18	21	24	26	29	31	34	37	40	42	45	47	51
8	12	15	18	21	24	26	29	31	34	37	40	42	45	47	51	54
16	18	24	26	29	31	37	40	42	45	51	54	56	60	62	68	71
24	24	29	31	34	40	42	45	51	54	56	62	65	68	73	76	79
32	24	31	34	37	42	45	51	54	60	62	65	71	73	79	82	84
40	29	34	37	42	45	51	54	60	62	68	71	76	79	84	87	93
48	31	34	40	45	47	54	56	62	65	71	73	79	82	87	90	96
56	34	37	40	45	51	54	60	62	68	73	76	82	84	90	93	98
64	34	37	42	47	51	56	60	65	71	73	73	82	87	90	96	101

Die Temperaturen innerhalb des stark umrandeten Feldes sind gefährlich. Innerhalb einer Minute gefriert Fleisch. Die Temperaturen rechts davon sind äußerst gefährlich. Fleisch gefriert innerhalb von 30 Sekunden. Beispiel: Bei einer Lufttemperatur von –15 °C und einer Windgeschwindigkeit von 40 km/h empfindet der Mensch Kälte von –37 °C.

lisierende Wirkung solcher Zwischenfälle ist außerordentlich groß. Nirgendwo spürt man auf der Erde die Verletzbarkeit des Körpers sowie die Grenze des von Menschen bewohnbaren Raumes so deutlich wie in der Arktis oder der Antarktis. Sie wirken wie die Schnittstelle zwischen dem Planeten Erde und dem eisigen Weltraum.

Als wir uns schließlich wieder auf den Weg machten, war – so schien es, ein Ruck durch das Team gegangen. Jetzt wollten wir nur noch eines, so schnell wie möglich den Pol erreichen – und zwar alle gemeinsam in der Konstellation, in der wir angetreten waren.

Während mich ein Virus plagte und ich unter Durchfall, Erbrechen und Schnupfen litt, schielte ich immer wieder zu Darryl, der mit stoischer Ruhe seine Schmerzen ertrug und seinen Schlitten zog. Mir ging es vorübergehend schlecht, aber ihm erging es dauerhaft noch viel schlechter. Seinen Schlitten

Gutes Team – schlechtes Team

Spalten durchziehen das polare Packeis auf dem Weg zum Nordpol. Darunter befindet sich offenes Wasser. Das Eis schwimmt auf dem arktischen Ozean.

hatten wir etwas geleichtert, indem wir einige Dinge auf unsere Schlitten verteilt hatten. So liefen wir Stunde um Stunde. Sechzig Minuten laufen, eine kurze Pause und dann die nächste Stunde. Bis zu zehn reine Laufstunden – Pausen nicht mitgerechnet – legten wir pro Tag zurück. Darryls Fuß wurde immer schlimmer, entzündete sich aber immerhin dank Mikhails sorgsamer Pflege nicht.

Niemals zuvor in meinem Leben und auch niemals mehr seither habe ich einen solchen körperlichen Kraftakt vollbracht wie während dieser Expedition. Die brutale Kälte, die schweren Schlitten, das tägliche Laufpensum, das extrem schwierige Gelände summierten sich zu einer Gesamtbarriere, die nur mit jenseits der Schmerzgrenze liegendem Körpereinsatz und einer nahezu unmenschlichen

Willensanstrengung zu bewältigen war. Doch obwohl es den anderen sicher ähnlich erging, hatte die Stimmung im Team eine Metamorphose durchlaufen. Von den anfänglichen Eitelkeiten war nichts mehr übrig geblieben. Dafür oder für Rollenspielchen gab es keinen Raum mehr. Jeder von uns operierte an seinem absoluten Leistungslimit. Die Erschöpfung war vollkommen, allgegenwärtig und ständig zu spüren. Und gerade in dieser Phase der allgemeinen Erschöpfung setzte der »zweite Wind« ein. Dieser plötzliche Energieschub, der sich bei uns breit machte, ist nicht willentlich abrufbar, sondern entsteht in Phasen großer Erschöpfung, in denen es aber trotzdem weitergehen muss. Es ist eine Schutzfunktion des Körpers, der einen Leistungen erbringen lässt, die man selbst kaum noch für möglich gehalten hätte.

In dieser Phase steigerten wir unser tägliches Laufpensum zunächst auf elf, dann zwölf und schließlich auf dreizehn reine Laufstunden. Rechnete man die Zeit für den Auf- und Abbau des Lagers, fürs Schneeschmelzen, Kochen und Schlafen hinzu, dann kommt man mit einem 24-Stunden-Tag nicht mehr aus. Das hieß für uns, dass sich die knapp bemessene Ruhephase jeden Tag um einige Stunden verlagerte, so dass man täglich zu einer anderen Zeit in den Schlafsack kroch.

Wir funktionierten einfach. Mental fühlten wir uns leer und ausgebrannt, verrichten aber alle Arbeiten präzise wie ein Uhrwerk. Selbst das medizinische Forschungsprogramm wurde uneingeschränkt absolviert. Dazu gehörten das lästige Blutabnehmen und Zentrifugieren der Proben, das unbeliebte Langzeit-EKG, das jeder von uns an unterschiedlichen Tagen 24 bis 48 Stunden am Körper tragen musste und das uns beim Schlittenziehen zusätzlich behinderte. Hinzu kamen meteorologische Aufzeichnungen, das Sammeln von Schneeproben zur späteren Analyse im Labor und psychologische Tests, die ein russischer Arzt, der unter anderem auch die russischen Kosmonauten trainiert hatte, für uns ausgearbeitet hatte.

Die Expedition war weit davon entfernt ein schlichtes »Abenteuer« zu

Gutes Team – schlechtes Team

Auch bei klirrender Kälte erfolgte die Standortbestimmung mittels Sextanten. GPS war bei der Nordpolexpedition noch nicht verfügbar.

kann die Vorteile eines kleinen, tragbaren GPS-Satellitennavigationsgeräts von heute kaum richtig würdigen. Mit froststarren Händen wurde justiert und gemessen und später im Zelt, wo einem vor Müdigkeit die Augen zufielen, gerechnet.

Wir waren präzise, ungeheuer effektiv, und obwohl es auch zu Konflikten zwischen einzelnen Mitgliedern kam, fühlte sich jeder dennoch einem Ziel verbunden – nämlich gemeinsam den Pol zu erreichen. Jeder von uns hatte sein Identifikationsobjekt gefunden. Jeder wollte so schnell wie möglich zum Ziel – wenn auch aus unterschiedlichen Gründen.

Angus wollte dorthin, weil er so schnell wie möglich zu Frau und Kind zurückwollte. Nie wieder würde er seinen Aussagen nach eine ähnliche Tour unternehmen, wobei er anscheinend von Anfang an an der Sinnhaftigkeit solcher Touren zweifelte. »Why are you doing this to yourself, Arved?« Eine Frage, die er mir täglich immer wieder stellte – als ob ich ihm eine Antwort darauf geben konnte, weshalb *er* hier war.

sein. Navigiert wurde damals noch mit dem Sextanten und künstlichem Horizont – wer diese Art der Navigation nicht miterlebt hat,

Gutes Team – schlechtes Team

Graeme ging es wohl ursächlich um den sportlichen Erfolg. Der Weg dorthin war eine lästige, aber notwendige Tortur. Das Erlebnis zählte für ihn – glaube ich – wenig, was dazu führte, dass er häufig mürrisch reagierte.

Hiroshi, der Japaner, ein erfolgreicher Höhenbergsteiger, rangierte an seinem äußersten Limit. Für ihn sollte der Pol ein weiterer Gipfel werden, für dessen Besteigung allerdings ein ungleich größer Zeitrahmen und damit auch körperlicher und mentaler Einsatz erforderlich war als selbst beim Mount Everest. Er litt neben Darryl vermutlich am meisten von uns. Kurze Zeit nach dieser Expedition wurde er im Himalaja an einem weiteren hohen Berg von einer Lawine erfasst und getötet.

Rupert, Robert und ich waren uns vermutlich am ähnlichsten und standen uns auch am nächsten. Für uns war der Weg dorthin das eigentliche Ziel, der Pol selbst lediglich der krönende Abschluss.

Misha, unser russischer Arzt, war vor allen Dingen an seiner wissenschaftlichen Arbeit interessiert, und das verschaffte ihm, glaube ich, auch eine segensreiche mentale Abwechslung. Er kam mit den Gegebenheiten von uns allen am besten zurecht.

Jeder von uns hatte etwas von sich selbst aufgeben müssen, ohne sich selbst zu verleugnen. Der Pol war der Sammelpunkt all unserer Sehnsüchte, die je nach Person unterschiedlich geartet waren. Aber wir alle hatten gelernt, die Zieldefinition des anderen zu erkennen und – das war der Schlüssel zum Erfolg – zu akzeptieren. Das machte uns zu einem unschlagbaren Team. *Nicht das Gleichschalten der einzelnen Teilnehmer, nicht das Unterdrücken von Differenzen, von Sympathien und Antipathien und nicht dass Zurückhalten eigener Vorstellungen führt ein Team zusammen, sondern die Summe aller Wahrnehmungen und Definitionen.* Für das Icewalk-Team wurde der Nordpol zum »Pole of Understanding«, dem Pol des sich gegenseitigen Verstehens. Das mag für den einen oder anderen ein wenig nach Pathos klingen, hatte für uns aber eine ganz andere Bedeutung. Bei der Ankunft am Nordpol nach 56 Tagen kräftezehrenden Mar-

Gutes Team – schlechtes Team

Ankunft am Nordpol. Trotz aller Schwierigkeiten sind wir erfolgreich gewesen. Das Team hat sich letzten Endes bewährt.

schierens durchs Eis waren acht ausgeprägte Individualisten, die unter härtesten Bedingungen gelebt und gearbeitet hatten, zu einer Einheit zusammengewachsen. Wir hatten alle Aufgaben trotz widrigster Rahmenbedingungen samt und sonders erfolgreich absolviert. Wir hatten uns selbst überwunden und zugleich gefunden. Wir hatten das Unmögliche möglich gemacht.

Der verletzte Darryl hatte für uns den Ausschlag gegeben. Seine Willensleistung hatte uns sozusagen zur Ordnung gerufen, uns motiviert und war uns zugleich eine Orientierungshilfe gewesen. Seine Verletzungen heilten nach der Expedition in einem langwierigen Prozess vollständig wieder aus. Während der Expedition hatte ich ihm versprochen – um ihn von seinen Schmerzen abzulenken und ihn zu motivieren –, ihn auf eine Segelreise mitzunehmen. Stundenlang haben wir während des Laufens darüber geredet und uns die zu erwartenden Erlebnisse ausgeschmückt. Ihm hat es geholfen, und ich habe mein Versprechen gehalten.

◆ Ein Team kann nur dann effektiv sein, wenn »Spielregeln« und individuelle Erwartungshaltungen klar definiert und von allen akzeptiert worden sind.

◆ Tabuthemen sollte es nicht geben, sie bilden immer eine Schwachstelle.

◆ Ein Team zu bilden bedeutet zwar im besten Fall, dass alle die gleichen Rechte und Pflichten haben, dennoch benötigt jedes Team eine Führungspersönlichkeit.

◆ Nicht das Gleichschalten der einzelnen Teilnehmer, nicht das Unterdrücken von Differenzen, von Sympathien und Antipathien und nicht das Zurückhalten eigener Vorstellungen führen ein Team zusammen, sondern das bewusste Wahrnehmen all dessen.

Eitelkeiten und Individualismus

»Gewissenlosigkeit ist nicht Mangel des Gewissens, sondern der Hang, sich an dessen Urteil nicht zu kehren.«
(Immanuel Kant)

Eitelkeiten und Individualismus

Icewalk hat mich geprägt wie kaum eine andere Expedition. Sie hat mir in besonderem Maße gezeigt, worauf es ankommt. *Es reicht eben nicht aus, fachliche Kompetenz zu bündeln und zu glauben, dass daraus Effektivität, Leistung und Erfolg erwachsen.* Wir wären als Team vermutlich kläglich gescheitert, hätte uns nicht der Wille, gemeinschaftlich zum Pol zu kommen, geeint. *Hinter jeder Tat, hinter jeder Leistung, hinter jeder Vision steht stets ein Mensch und ein Wille.* Menschen sind eben keine seelenlosen Maschinen, denen man Aufgaben vorgibt wie etwa einem Schweißroboter, der Autoteile zusammenfügt. *Menschen brauchen eine Ansprache, sie müssen sich mit der Zielsetzung identifizieren können. Sie müssen das gemeinsame Ziel zu ihrem ureigenem machen.*
»Sie haben ja gut reden, Sie sind unabhängig, leben den Traum Ihres Lebens und werden beispielsweise den Arbeitsalltag eines Verkäufers in einem großen Warenhaus oder den Büroalltag eines Sachbearbeiters kaum nachvollziehen können. Dieser Job ernährt einen zwar, aber dass ich mit einem Jauchzer morgens aus dem Bett springe und kaum abwarten kann auf meine Arbeitsstelle zu kommen, kann ich nicht gerade behaupten!«
Solche oder ähnliche Einwände bekomme ich ständig zu hören. Gemeint ist: Im Grunde genommen hat der Kerl pausenlos Urlaub und lebt auch noch gut davon. – Ich bin mir des Privilegs, so zu leben wie ich möchte, durchaus bewusst, aber ganz so einfach verhält es sich nicht!
Glauben Sie im Ernst, dass ich mich bei 45 °C unter Null voller Begeisterung aus dem Schlafsack schäle, um anschließend in eisige und übel riechende, weil seit 40 Tagen getragene, Kleidungsstücke zu steigen, mit steifen Fingern mein Lager abzubauen, um danach acht oder neun Stunden lang einen schweren Schlitten durch Sturm und Eis zu ziehen? Und das Ganze über einen Zeitraum von 40, 50 oder gar 90 Tagen? Das mag für den außen stehenden Betrachter zwar furchtbar aufregend wirken, für denjenigen, der die Leistung zu erbringen hat, ist es aber einfach nur knochenharte Arbeit. Und wenn

Eitelkeiten und Individualismus

ich in der Vorbereitung zu einer neuen Expeditionen wochenlang am Schreibtisch sitze und mich mit Stapeln von Antragsformularen für eine Expeditionsgenehmigung auseinander setze oder den Finanzbedarf für ein neues Projekt zu decken versuche, wenn ich in der Vortragssaison von einem Hotel zum anderen und von einer Vortragsveranstaltung zur nächsten reise, kann ich nicht behaupten, dass mir das immer uneingeschränkt Spaß bereitet. Trotzdem mache ich meine Arbeit in der Gesamtheit sehr gern, und zwar einfach, *weil ich es machen will. Weil es das ist, was ich zu leisten vermag.*

Und weil ich andere Ansprüche an mein Leben stelle als die Tüte Chips auf dem Schoß, die Flasche Bier in der Hand zurückgelehnt im Sessel zu sitzen und Fernsehen zu gucken. Wem das reicht, dem sei es gegönnt, und es ist auch nichts dagegen einzuwenden. Aber mir reicht es eben nicht. Mit anderen Worten: *Ich bin motiviert, das zu tun, was ich mache. Und ich bewerte eine Unternehmung nicht nach einzelnen Abschnitten, sondern stets in der Gesamtheit.* Unter dem Strich ist es für mich allemal wert diesen Einsatz zu bringen. Auch bei der nach der Nordpol-Expedition unmittelbar folgenden Antarktisdurchquerung mit oder trotz Reinhold Messner im gleichen Jahr.

Die Kombination Messner/Fuchs beinhaltete von Anfang an eine gewisse Brisanz und war fast eine Art zwischenmenschliches Experiment. Zwei völlig verschiedene Menschen, der eine von den hohen Bergen dieser Welt kommend, der andere den arktischen Wüsten sowie den Ozeanen verfallen, begegnen sich zum ersten Mal und überlegen, ob sie nicht gemeinsam in einer Art konzertierten Aktion das schier Unmögliche möglich machen wollen, indem sie einen alten Polarfahrertraum wahr werden lassen und zu Fuß den gesamten antarktischen Kontinent in nur einem Sommer durchqueren. Andere waren an diesem ehrgeizigen Plan gescheitert – durchaus namhafte Akteure der Szene, wie zum Beispiel der britische Polarforscher Sir Ernest Shackleton.

Kann so etwas funktionieren? Zwei Menschen, die sich überhaupt

Eitelkeiten und Individualismus

nicht kennen? Zwei Individualisten, von denen jeder ganz konkrete Vorstellungen hat, wie bestimmte Dinge abzulaufen haben? Der eine, Reinhold Messner, zu diesem Zeitpunkt bereits weit über die Landesgrenzen hinaus bekannt, der andere in Insiderkreisen anerkannt und gerade dabei sich einen überregionalen Bekanntheitsgrad zu verschaffen. Aber immerhin war oder bin ich auch etwa zehn Jahre jünger als Messner – insofern habe ich mir damals keine Gedanken über diese vermeintliche Schieflage zwischen den beiden Partnern gemacht.

Mein Selbstbewusstsein stand besonders nach der erfolgreichen Nordpol-Expedition auf soliden Beinen. Reinhold Messner achtete ich aufgrund seiner bergsteigerischen Erfolge; dass es menschlich nicht einfach werden würde, wurde mir von ehemaligen Expeditionskameraden von ihm in allen Einzelheiten immer wieder hinreichend unterbreitet. Vieles

Reinhold Messner (rechts) und ich am Ende unserer 92-tägigen Antarktisdurchquerung.

davon sollte sich im Nachhinein als stichhaltig erweisen, anderes war einfach nur gehässig. Mich interessierte dabei auch etwas ganz anderes: Aus einer gemeinsamen Expedition muss nicht zwangsläufig auch eine fürs Leben haltende Freundschaft erwachsen. Statistisch gesehen wird heute beinahe jede dritte Ehe geschieden, und dennoch gibt es wohl nur wenige Menschen, die sich in der Annahme auf den Bund der Ehe einlassen, dass man sich nach ein paar Jahren wieder trennt. *Man muss Begegnungen zulassen und ihnen eine Chance geben – ansonsten wird man es niemals wissen.* Auf meinen vorangegangenen Expeditionen hatten sich Freundschaften ergeben, die bis zum heutigen Tag Bestand haben. Das sind mit Abstand die meisten! Andere Bekanntschaften beschränkten sich auf ein sehr intensives Zusammenleben und Arbeiten während der jeweiligen Expedition – danach ging jeder wieder seinen eigenen Weg.

Bei Reinhold verhält es sich eher umgekehrt proportional. Ich glaube, er war bereits damals – heute

Eitelkeiten und Individualismus

vermutlich noch viel mehr – ein sehr einsamer Mensch.
Wir sahen die Problematik, die uns erwartete, beide sehr realistisch. Was und ob sich eine Art Freundschaft aus diesem Projekt ergeben würde, musste die Zukunft zeigen. Sie hat sich nicht ergeben.
Das hatte aber für den Verlauf der Expedition keinerlei Auswirkungen. Wir waren Profis, die bereit waren, ihre Talente, Instinkte, ihre Physis sowie ihre mentale Stärke uneingeschränkt in den Dienst der gemeinsamen Sache zu stellen. Nur so hatten wir eine Chance. Einer allein konnte es nicht schaffen, nur in dieser Zweisamkeit, in genau dieser Konstellation konnte es klappen!
Das bedeutete zugleich, dass jeder in der Lage sein musste, sich und seine Bedürfnisse zurückzunehmen. Auch das schreckte mich nicht. Während der Nordpol-Expedition waren wir zu acht gewesen. Im Vergleich dazu brauchte ich

mich dieses Mal nur auf einen einzelnen Partner einzustellen. Wir bewohnten ein vergleichsweise geräumiges Zweimannzelt, das Gelände würde nicht annähernd so schwierig sein wie der arktische Ozean, und selbst die Temperaturen würden im Vergleich dazu geradezu gemäßigt ausfallen. Die Antarktis konnten wir während des Südsommers durchwandern, zum Nordpol muss man hingegen wegen des dann zugefrorenen Ozeans zur kältesten Jahreszeit aufbrechen.

Der Unterschied zeigt sich am besten auch am täglichen Kalorienbedarf: Hatten wir während der Nordpol-Expedition pro Kopf und Tag 6100 Kcal zu uns genommen und dabei trotzdem noch jeder im Schnitt zehn Kilogramm Körpergewicht verloren, sah unsere Diät für die Antarktis Transversale lediglich 4500–5000 Kcal vor. Gegen Ende der Tour konnten wir das sogar noch reduzieren, um unsere Vorräte zu strecken. Im Gegensatz

Wie ein erstarrtes Meer breiten sich die Sastrugis vor uns aus. Laufen wird zum Hindernisrennen.

Eitelkeiten und Individualismus

zum Nordpol ist die Antarktis ein gewaltiger Kontinent, rund eineinhalb Mal so groß wie Australien, in dem allein 80 % der gesamten Frischwasservorräte der Erde in Eis gebunden lagern. Die Schwierigkeiten der Durchquerung ergeben sich primär aus der ungeheuren Distanz und nicht aus den Gegebenheiten. Die Antarktis ist durchaus vergleichbar mit Grönland – das ich schon vor Jahren durchquert hatte –, nur dass sie noch sehr viel größer und einsamer ist.

Wir trafen von Anfang an eine sehr effektive Aufgabenverteilung. Aufgrund meiner Erfahrungen im polaren Eis stellte ich die Ausrüstung zusammen, ließ Pulkaschlitten nach dem Muster meines Nordpol-Schlittens bauen, führte trotz anfänglicher Widerstände Reinholds die Gleitschirme als Segel ein und stellte Proviantlisten auf. Ohne uns viel zu sehen oder aufwändig miteinander zu kommunizieren, arbeiteten wir gemeinsam die Listen ab, wobei wir beide unsere Kontakte zur Industrie und zu Ausrüstern nutzten. Reinhold hatte die Firma Würth als Sponsor gewinnen können, dazu den »Spiegel« sowie das Fernsehen. Im Handling der Medien und dem Einbinden von Sponsoren war er absoluter Profi. Später überraschte er alle – ich vermute auch die Firma Würth – damit, dass plötzlich Opel als Hauptsponsor unübersehbar auf seiner Kleidung prangte. Allen späteren Klagen seinerseits zum Trotz, dass er die ganze finanzielle Bürde zu tragen hatte, war dies sicherlich ein sehr lukrativer Vertrag, der zusammen mit dem Budget von Würth den Finanzbedarf der Expedition gleich mehrfach abgedeckt haben dürfte. Aber auch das interessierte mich nur peripher, da ich meine eigenen, im Verhältnis eher bescheidenen Werbeverträge hatte.

Auf mich wirkten die ersten Stunden der Expedition am nachhaltigsten. Ich war im selben Jahr bereits weit über 1000 Kilometer – die Driften des Eises und die Umwege eingerechnet – über den arktischen Ozean gelaufen. Ich hatte Hunderte von Kilometern an Trainingsläufen absolviert und fand mich dennoch scheinbar unvermittelt wieder im Eis, mit dem glei-

Eitelkeiten und Individualismus

chen Gurtgeschirr, dem baugleichen Schlitten mit einer ähnlichen Last und Ausrüstung. Als ich die ersten Schritte tat und die ersten Minuten von insgesamt 92 Tagen verrannen, war es mir, als hätte ich den Schlitten nie abgelegt. Mir war, als wanderte ich von Pol zu Pol. Zum einen beglückte mich diese Vorstellung, zum anderen bedrückte sie mich. Ich wusste im Gegensatz zu Reinhold, für den diese Art zu reisen völlig neu war, was auf uns zukommen würde und auch was der Faktor Zeit bewirken konnte. Würden wir uns verletzen, gäbe es kaum eine Möglichkeit, sich auszukurieren. Der Marschrhythmus, der sich auf unserer Nordpol-Expedition und auch bei anderen Polarexpeditionen bewährt hatte, würde auch hier der Schlüssel zum Erfolg sein. Die Ökonomie des Laufens, der vorsichtige Umgang mit den eigenen Ressourcen waren die Schlüssel zum Erfolg und nicht, wie später von Messner kolportiert, sein Drängen nach längeren Etappen. Im fortgeschrittenen Stadium der Expedition litten wir beide unter Gelenk- und Sehnenentzündungen. Hätten wir uns zuvor ausgepowert, hätten wir mit Sicherheit größere Verletzungen davongetragen, von denen wir uns in der zur Verfügung stehenden Zeit nicht mehr erholt hätten. Das hätte zwangsläufig den Abbruch der Expedition bedeutet.

Beide waren wir gewöhnt, in die Rolle des Chefs, des Expeditionsleiters zu schlüpfen, was bei unserer Zweisamkeit und dem persönlichen Selbstwertgefühl aber nicht möglich war. Wir waren zwei gleichberechtigte Partner, und jeder war sich der Brisanz dieser Konstellation bewusst.

Wir rieben uns, gingen aber fast immer freundlich miteinander um. Wir waren beide um Sachlichkeit in der Strategiediskussion bemüht und redeten anschließend an den langen Abenden im Zelt über viele private Dinge. So lange wir unter uns in unserer kleinen Expeditionswelt lebten, war die Welt weitgehend in Ordnung. Es gab viel weniger Zoff, als weithin angenommen worden ist. Nicht weil wir uns so glänzend verstanden hätten, sondern weil die Einsicht und die Erfahrung überwog, dass es sonst nicht funktioniert hätte.

Eitelkeiten und Individualismus

Eitelkeiten und Individualismus

Ich glaube, dass diese Einsicht und die Bereitschaft sich zurückzunehmen die Voraussetzung für den Erfolg der Expedition war. Unsere anfängliche Überlegung, dass wir beide Profis genug waren, dass es uns gelingen würde, die eigenen Befindlichkeiten und Eitelkeiten während der Expedition hinten anzustellen, war aufgegangen. Hätten wir uns ständig gestritten, wären wir wie durch eine »innere« Verletzung genauso gescheitert wie bei einer gerissenen Achillessehne. *Es war die Einsicht zur Kooperation, die uns so effektiv machte.* Dabei kam keinem von uns beiden eine Führungsposition zu. Wir rauften uns zusammen und bündelten unsere Energien – so wie es angedacht und unbedingt erforderlich war.

Was ich damals nicht ahnte, war der Umstand, dass Reinhold über seine »Tagebücher«, die dem Spiegel überstellt wurden, an einer ganz anderen Darstellung arbeite-

Indem wir die Antarktis zu Fuß durchwanderten, lernten wir die wahren Dimensionen dieses Kontinentes kennen.

Eitelkeiten und Individualismus

te. Das ist das menschliche Desaster, was sich daraus ergab – mit dem Ablauf der Expedition hatte das indessen nicht viel zu tun. Wer die Veröffentlichungen Reinhold Messners über die Jahre hinweg verfolgt, findet das gleiche Schema mit schöner Regelmäßigkeit immer wieder. Er ist dann der Vorreiter, dem seine Mitstreiter seinen Ruhm neiden, allesamt »Trittbrettfahrer«, die »Rufmordkampagnen« gegen ihn initiieren und sich auf seine Kosten bereichern und profilieren wollen. Er verstieg sich in ein unseliges Gebräu aus skurrilen Anschuldigungen, Halbwahrheiten und glatt erfundenen Unterstellungen, wie etwa der, dass ich eigentlich am Südpol die Expedition aufgeben wollte. In Wort und Bild versuchte er die Durchquerung der Antarktis, die immerhin 92 Tage gedauert hat, darauf zu reduzieren, dass er derjenige war, der mich mit harter Hand über den Kontinent gejagt hat. Das ist natürlich Unsinn und war nichts anderes als ein Ablenkungsmanöver von seinem eigenen Unvermögen, beispielsweise zu navigieren. Er brauchte mich und meine Erfahrung schlichtweg – nicht mehr und nicht weniger. Ohne Navigation – damals war GPS noch in der Erprobungsphase und anfangs nur bedingt einsetzbar – hätte er niemals das Ziel erreicht. In einer Pressekonferenz bezeichnete er mich noch als »seinen Lehrmeister im Eiswandern«, bei anderen Medienauftritten wetterte er wiederum gegen angebliche Hintermänner, die besagte »Rufmordkampagne« gegen ihn führten. Verfolgt man die unlängst geführte Kontroverse zwischen ihm und seinen ehemaligen Kameraden vom Nanga Parbat, die schließlich sogar die Gerichte beschäftigte, dann wirkt das irgendwie wie ein Déjà-vu-Erlebnis für mich. Die Bücher von Hans Saler und Max von Kienlin sind in diesem Zusammenhang sehr lesenswert und aufschlussreich!
Als wir seinerzeit den Südpol erreichten und dort erste Presseberichte vorfanden, schwante mir etwas von dem Intrigenspiel, das ablief. Ich ließ es dennoch nicht an mich heran. Hätte ich das zugelassen, wäre die Expedition bereits zu diesem Zeitpunkt beendet gewe-

Eitelkeiten und Individualismus

Die Kugel, gesäumt von den Flaggen der Antarktis-Vertragsstaaten, markiert den geografischen Südpol.

sen. Auch solch bedeutsame Nachrichten wie den Fall der Mauer in Berlin nahm ich eher mit einer Art Achselzucken hin. Ich nahm die Nachricht zwar verwundert und staunend zur Kenntnis – ging dann aber zur Tagesordnung über. Es war eine Art Selbstschutz, wie ein Kokon, in den ich mich hüllte, um alle Gedanken von mir fern zu halten, die mich in irgendeiner Weise von der eigentlichen Aufgabe hätte ablenken können. *Ich ließ es einfach nicht zu, dass störende Faktoren an mich herankamen.*

Professionalität hin, Professionalität her, ich mache solche Projekte, weil sie mir trotz aller Härten unbändigen Spaß bereiten. *Leistung zu erbringen, ist für mich keine lästige Pflicht, sondern eine Art Lebensinhalt.* Nach der Expedition bin ich häufig gefragt worden, warum ich mich nicht mehr in der Öffentlichkeit gegen die Vorwürfe gewehrt habe. Ich habe das, wie ich finde, in geeigneter Form in meinem Buch und auch in Interviews getan, ohne aber dabei in dieselbe Kerbe zu hauen wie Mess-

Eitelkeiten und Individualismus

ner. Ich fand es einfach unwürdig, auf diese Art und Weise Werbung für Buch und Vorträge zu machen – denn letztlich ging es ihm genau darum: Marketing in eigener Sache ohne Rücksicht auf Verluste, wobei der daraus resultierende Verlust an gelebter Kameradschaft und Gemeinsamkeit scheinbar der geringste Preis ist, den er bereit war zu bezahlen. Diese Einzelkämpfermentalität verdeutlicht sich in einem Stern-Interview, in dem er gesagt hat: »Hoch oben am Berg gibt es keine Moral. Jeder von uns würde, wenn es hart auf hart kommt, den anderen liegen lassen.« (»Stern«, September 2002) Ich habe keinen anderen Bergsteiger sich in ähnlicher Form äußern hören. Und bei den Polen dieser Welt, die den hohen Bergen in ihrer Gefahr und Einsamkeit vergleichbar sind, ist mir so ein Verhalten auch noch nicht beggegnet. Mit dieser Einstellung wird man seiner moralischen Verantwortung nicht gerecht! Das hat nichts mit moralisieren zu tun – sehr wohl aber etwas mit Moral und Ethik. Keine Expedition, kein Erlebnis ist so wichtig, dass ich dadurch mein eigenes Leben oder das von anderen in unkalkulierbarer Weise riskiere.

Für mich bedeutet das Leben im Allgemeinen und eine Führungsrolle im Besonderen auch gleichzeitig die Annahme von Verantwortung. Doch ich bin nicht nur dem Erfolg gegenüber verpflichtet, sondern auch den daran mitwirkenden Menschen. Zudem trage ich in einem gewissen Maße die Verantwortung für die Signalwirkung, die ein Projekt ausstrahlt. *Eine Vorbildfunktion ist nicht frei wählbar oder nach Bedarf einsetzbar.* Ich kann ein gutes oder ein schlechtes Vorbild abgeben, die Entscheidung liegt ganz bei mir. Doch was ich nicht kann, ist mich als öffentliche Person der Tatsache entziehen, dass ich in gewisser Weise diese Vorbildfunktion ausübe.

Ich habe Expeditionen abgebrochen, weil ich der Meinung war, dass einer aus der Crew an den Anforderungen zerbrechen würde. Ich würde so jederzeit wieder entscheiden. Meine Crew, mit der ich heute unterwegs bin, weiß das und vertraut mir deshalb. Vertrauen zu

Eitelkeiten und Individualismus

erhalten ist ein schönes Gefühl, doch es verpflichtet auch. Wirtschaftliche Überlegungen dürfen im Angesicht der Gefahr keine tragende Rolle spielen.

Der altehrwürdige Begriff der Unternehmenskultur beinhaltet, dass sich Mitarbeiter – in unserem Fall Expeditionsteilnehmer – geborgen, dass sie sich ernst genommen und verstanden fühlen. *Menschen, die mit einem Gefühl der Geborgenheit ihre Leistung erbringen, sind belastbarer und ausdauernder.*

◆ Gerade im beruflichen Alltag ist es wichtig, sich stets vor Augen zu führen, dass hinter jeder Tat, jeder Leistung, jeder Vision stets ein Mensch und ein Wille stehen.

◆ Um Leistung abzurufen, benötigen Menschen eine Ansprache, damit sie sich mit der Zielsetzung identifizieren können. Das gemeinsame Ziel muss das Ziel jedes Einzelnen werden.

◆ Jeder ist bereit, alles zu geben, wenn er den Sinn seiner Tätigkeit versteht, wenn die an ihn gestellte Aufgabe genau dem entspricht, was er zu leisten imstande ist. Unter diesen Voraussetzungen sind Menschen belastbarer und ausdauernder.

◆ Besonders als Teamführer ist es wichtig, eine Unternehmung oder die Leistung des Teams nicht nur nach einzelnen Abschnitten, sondern in ihrer Gesamtheit zu beurteilen.

◆ Eine Führungskraft sollte sich stets bewusst sein, dass sie eine Vorbildfunktion innehat, die immer gilt; sie ist nicht beliebig wählbar oder nur nach Bedarf einsetzbar.

Führungsqualitäten

»Leistungen kann man nur von Menschen erhoffen, die sich ernst genommen fühlen und denen man Identifikationsmöglichkeiten bietet.«
(Daniel Goeudevert)

Führungsqualitäten

Die »Formel 1« zur See heißt America's Cup. In diesem alle vier Jahre wiederkehrenden Segelereignis kämpfen millionenschwere Syndikate mit Hightech-Yachten um einen ziemlich hässlichen Pokal. Gesegelt wird auf einem vorher genau festgelegten Dreieckskurs, in dem die Yachten nach dem K.o.-Prinzip gegeneinander antreten. Das letzte Rennen (2003) hat das anfänglich als chancenlos eingestufte Schweizer Syndikat Allinghi gewinnen können – vor dem Favoriten und Titelverteidiger Neuseeland. Allein Allinghi hat offiziellen Angaben zu Folge für das nächste Rennen ein Budget von 100 Millionen US-Dollar veranschlagt. Davon entfallen etwa die Hälfte auf Personalkosten, ein großer Teil geht in die Entwicklungskosten, der Bau des Rumpfes und des Mastes kostet nach Aussagen des Sportdirektors Jochen Schümann (»Lufthansa Exklusiv« 05/2004) lediglich jeweils 1 Million Dollar. Diese Relation spricht Bände: Rund 50 % des Kapitals fließt in das Crewmanagement – und das sicherlich nicht, weil der Besitzer von Allinghi, Ernesto Bertarelli, plötzlich seine soziale Ader entdeckt hätte!

Allinghi hat es beim letzten Rennen geschafft, in drei Jahren rund einhundert hoch qualifizierte Menschen aus verschiedenen Nationen zu einem Team zu verweben und eine beispiellose Effektivität und Motivation zu generieren. Andere Teams, die ein deutlich höheres Budget hatten und sich die teuersten Segel-Asse auf dem Markt leisten konnten, waren nicht so erfolgreich. Während bei Allinghi »alle Zimmer offen standen und jeder mit jedem sprechen konnte«, (Schümann) gab es bei anderen Syndikaten eine strenge Hierarchie und eine amerikanische »Hire and Fire«-Mentalität. Am seglerischen Potenzial kann es nicht gelegen haben, an schlechtem Material wohl auch nicht, dass die eigentlich vermögenderen Syndikate nicht so erfolgreich waren wie das Team Allinghi. Es lag vielmehr an der Gesamtabstimmung, an der mangelnden Fähigkeit, interdisziplinär zu arbeiten und am Unvermögen, Spezialisten aus den unterschiedlichsten Bereichen zu einem Team zusammenzufügen. Jeden-

Führungsqualitäten

falls verstand das Allinghi-Team dies offenbar besser als die anderen Syndikate. *»Die Zukunft soll man nicht voraussehen wollen, sondern sie möglich machen«* (Antoine de Saint-Exupéry).
Jedes Gelingen lässt sich immer wieder auf den Satz »Menschen entscheiden über den Erfolg« reduzieren. Deshalb ist es mir unverständlich, dass in einigen Unternehmen der Faktor Mensch nur als Kostenstelle definiert wird. *Eine motivierte und stimulierte Belegschaft ist Voraussetzung für innovatives Denken und Handeln.* Das heißt auf der anderen Seite nicht, dass es keine hierarchischen Strukturen geben kann. Die wird es immer geben und sie sind meiner Meinung nach auch erforderlich. Aber die Zielvorgaben müssen stimmen, und denen muss sich jeder uneingeschränkt unterordnen können. Wem das nicht gelingt, der hat keinen Platz im Team. Und der Manager, dem es nicht gelingt, die Zielvorgaben von Anfang an verständlich zu machen und auf deren Einhaltung beziehungsweise Umsetzung zu achten, macht einen grundlegenden Fehler. Ich habe diesen Fehler selbst einmal gemacht, danach nie wieder. Das war im Jahr 1991.
Ich war angetreten, mit einem 12-köpfigen, internationalen Team mit einem traditionellen Segelboot die legendäre Nordostpassage zu durchsegeln. Das ist nicht nur von den Naturverhältnissen eine ungewöhnlich schwierige Aufgabe, es sind besonders die russischen Aparatschicks, der Behördendschungel und das aus der Zeit des kalten Kriegs resultierende tiefe Misstrauen gegenüber dem Westen, die es so schwierig machen, eine Genehmigung zu bekommen. 1991 war die Zeit von Glasnost und Perestroika in der damals noch bestehenden Sowjetunion, die diesen Teil der Arktis verwaltet. Der politische Stimmungswandel ermöglichte es mir, eine Genehmigung für die Expedition von höchster politischer Stelle zu bekommen. Allein das kam schon einer Sensation gleich – ich war euphorisch. Zusätzlich hatte ich einen Sponsoren gefunden sowie das nach meinem Dafürhalten geeignete Schiff, das für den Einsatz modifiziert wurde, und dazu ein, wie ich

Führungsqualitäten

Die DAGMAR AAEN unter vollen Segeln. Um mit dem wenigen Platz zurechtzukommen, muss jeder im Team Kompromisse schließen.

meinte, motiviertes Team. Wir würden das erste westliche Schiff sein, dem seit der Oktoberrevolution 1917 eine Genehmigung für die Durchfahrung erteilt werden würde. Das letzte Segelschiff, das die Genehmigung erhalten hatte, war die MAUD des Norwegers Roald Amundsen gewesen – 1918.

Es sollte eine spannende, im Grunde genommen geschichtsträchtige Reise werden, da wir zu Zeitzeugen des politischen, sozialen und wirtschaftlichen Umbruchs in diesem riesigen Land wurden.

Wir erreichten die Inselgruppe Franz-Josef-Land, die über viele Jahrzehnte als absolutes Sperrgebiet gegolten hatte. Wir entdeckten die Originalurkunde über die Entdeckung dieser Inselgruppe durch die Tegetthoff-Expedition aus dem Jahre 1873 und bewegten uns in einer grandiosen Naturlandschaft. Wir erreichten 81° nördlicher Breite – für ein Schiff wie dem unseren eine kleine Sensation – und bewegten uns plötzlich im Spannungsfeld des Militärputsches, der letztlich zum Zusammenbruch der UdSSR führte. Eine in jeder Hinsicht spannende und ereignisreiche Expedition.

Und trotzdem war die Stimmung im Team schlecht.

Woran lag das? Ich versuchte mir über die Ursachen klar zu werden, sprach mit einzelnen Teammitgliedern, experimentierte damit, mal energisch, mal vermittelnd einzugreifen, beschwor immer wieder das vermeintlich gemeinsame Ziel – nichts half.

Erst später wurde mir klar, dass es diese von mir angenommenen Gemeinsamkeiten gar nicht gab. Wir erreichten den Winterhafen tief im Inneren Sibiriens, bereiten das Schiff gemeinschaftlich auf die Überwinterung vor, aber die Stimmung verfiel immer mehr. Es bildeten sich Grüppchen, die an Land oder an Bord zusammenhockten und sich gegenseitig in Rage redeten. Von Teamgeist keine Spur, und der ausgemachte Buhmann war ich, weil ich vermeintlich nicht bereit war, auf sie einzugehen. Ich hingegen war enttäuscht, dass so wenig Verständnis für die Belange und Verpflichtungen der Expedition aufgebracht wurde, fühlte mich unverstanden und im Stich gelassen – es war eine hoffnungslose Situation. So wurde das Schiff an die neu eingetroffenen und daher unbefangenen Überwinterer übergeben, und wir reisten mit dem Flugzeug zurück nach Hause. Die Mannschaft war im Grunde genommen gespalten. Der kleinere Teil der Crew verschloss sich jeglicher Kooperation, verweigerte sich auch der gemeinsamen Pressekonferenz, während der andere Teil umso mehr tat, um das Projekt am Laufen zu halten. Der Disput war nicht mehr zu kitten und führte letztlich sogar zum Bruch von alten Freundschaften.

Aber woran lag das?

Erst Wochen später, mit gehörigem

Führungsqualitäten

Abstand, wurde mir klar, dass ich einige Kardinalfehler begangen hatte:
Erstens: Ich war davon ausgegangen, dass wir ja alles Freunde waren, die ohnehin das gleiche wollen. Ich hatte den anderen stillschweigend den gleichen Enthusiasmus und auch die gleiche Bereitschaft zur Pflichterfüllung gegenüber der Expedition unterstellt wie mir selbst, sie dabei aber viel zu wenig in die Problematik des Genehmigungsprozederes eingebunden.
Zweitens: Ich war anfänglich nicht ausreichend konfliktbereit.
Drittens: Ich war zu empfindlich.
Viertens: Ich hatte mich zu sehr auf die Expedition konzentriert und dabei die Sensibilität für das Gefüge des Teams aus den Augen verloren.
Das gesamte Problem konnte auf eine simple Formel reduziert werden: Mangelnde Kommunikation!
Was den ersten Punkt angeht, habe ich es im Vorwege vor dem eigentlichen Start der Expedition versäumt, die Aufgaben dieses Projektes eindeutig zu definieren und zu kommunizieren. Ich war durch die vorangegangenen Expeditionen zwischenzeitlich zum Vollprofi geworden, dem solche Dinge wie die vertraglich festgelegte Interessenwahrung des Sponsoren zur Selbstverständlichkeit geworden waren. Für die anderen war das alles neu. Für sie hatte diese Expedition eine Art Freizeitcharakter. Ihnen war der Erfolgsdruck und die von uns selbst geweckte Erwartungshaltung in der Öffentlichkeit nicht im vollen Umfange bewusst – und auch nicht so wichtig. Mein Fehler war, dass ich nicht eindeutig und ganz klare Zielvorgaben gemacht und Aufgaben definiert hatte – und zwar lange bevor die Expedition überhaupt begonnen hatte. Ich ließ sie einfach laufen in der Hoffnung, dass alle schon erkennen würden, worin die wichtigen Punkte lagen. Und als das nicht eintrat, sondern sich einige immer weiter von den Inhalten entfernten, reagierte ich mit Verdrossenheit und Enttäuschung: Beides ist ein völlig ungeeignetes Mittel, um Differenzen aus dem Weg zu räumen.
Dabei hatte es frühzeitig Alarmzeichen gegeben. Das Kamerateam,

Führungsqualitäten

Icesail im wahrsten Sinne des Wortes: Segeln unter extremen Bedingungen in der sibirischen Arktis.

dem zu allererst an einer publikumswirksamen Reportage für das Fernsehen gelegen war und nur in zweiter Linie an einer erfolgreichen Expedition, fügte sich nicht harmonisch in das restliche Team ein. Außerdem war es ihnen schnuppe, dass ich Verpflichtungen mit Sponsoren eingegangen war, um das Projekt überhaupt zu ermöglichen. Kein Wunder, dass es gleich anfangs zu Spannungen kam, die im Verlauf der ersten Wochen immer mehr zunahmen. Bereits vor Erreichen der russischen Grenze waren die Verstimmungen im Team so tief greifend, dass sie an sich nicht mehr reparabel waren. Spätestens im letzten norwegischen Hafen hätte ich Konsequenzen ergreifen und einige aus der Crew nach Hause schicken müssen. Dass ich das nicht getan habe, war ein weiterer Fehler von mir. Ich ließ mich zu sehr von der Hoffnung lenken, dass doch noch irgendwie alles ins Lot käme – was natürlich nicht der Fall war. Damit nahm die Entwicklung ihren Lauf. Die Expedition ist deshalb niemals in ihrer Sicherheit, wohl aber in ihrer Programmatik bedrängt gewesen. Die Mannschaft leistete, was erforderlich war, um das Schiff sicher zu bewegen und den Bordbetrieb aufrecht zu erhalten – mehr aber auch nicht.

Erst später wurde mir bewusst, dass ich als Projektleiter nicht voraussetzen kann, dass »Mitarbeiter« die Zusammenhänge und Verpflichtungen überblicken können oder wollen. Wenn man selbst nicht glücklich ist, dann ist der einfachste Weg, die Problematik auf etwas anderes, einen »gemeinsamen Feind« zu lenken, um vielleicht auch von dem eigenen Unvermögen, sich zu disziplinieren, abzulenken. Das ist nur menschlich und muss von einem Teamleiter von Anfang an berücksich-

tigt werden. Es war also ein klarer Managementfehler, den ich begangen hatte.

Wenn ich heute auf Tagungen oder Seminaren vor Führungskräften aus der Wirtschaft über dieses Thema rede, spüre ich häufig eine leichte Verunsicherung. Mangelnde Kommunikation und fehlende Konfliktbereitschaft zum richtigen Zeitpunkt sind eines der Hauptprobleme, mit denen zahlreiche Unternehmen zu kämpfen haben. Während ich meinen Büroalltag aber irgendwann abends beschließe und zu Hause in eine private Welt eintrete, in der ich mich weitgehend regenerieren kann, hat der Expeditionsreisende diese Möglichkeit nicht. Er ist 24 Stunden, sieben Tage die Woche und das über Monate hinweg auf engstem Raum, ohne Privatsphäre an seinem Arbeitsplatz mit Menschen zusammengepfercht, mit denen er klarkommen muss. Hinzu kommen Erscheinungen wie Heimweh, Seekrankheit, der Verzicht auf Genussmittel, Ängste in gewissen Situationen. Das alles summiert sich zu einem recht komplexen Problemkreis, mit dem nicht jeder

Führungsqualitäten

gleichermaßen gut umgehen kann. Als ich nach dem Winter mit einer neu zusammengestellten Mannschaft, bestehend aus der alten Kernmannschaft sowie einigen neuen Teilnehmern, wieder an Bord kam, war die Situation vollkommen verändert. Ich hatte dazugelernt. Von den Crewmitgliedern, die sich nicht mit den Aufgaben der Expedition identifizieren konnten, hatte ich mich rigoros gelöst und hatte das auch alle aus dem Team wissen lassen. Die verbleibende Crew und die neu hinzugekommen Teilnehmer wurden intensiv vorbereitet, wobei keine Problematik ausgespart wurde. Die Spielregeln waren klar und eindeutig für jeden. Das Kamerateam, das aufgrund bestehender Verträge zeitweilig an Bord war um zu drehen, tat seine Arbeit, gehörte aber nicht mehr im eigentlichen Sinne zum Expeditionsteam und war dadurch isoliert. Damit waren die Verhältnisse klar und geordnet. – Es hat nie wieder eine ähnliche Situation auf meinen Expeditionen gegeben, mit ein oder zwei Ausnahmen, wo einzelnen Teilnehmern die psychische Belastung über den Kopf wuchs und sie deshalb ausgewechselt werden mussten.

In einem dieser Fälle handelte es sich um einen jungen Spanier, der für eine Überwinterung an der Ostküste Grönlands im Scoresbysund vorgesehen war. Rafa – wie er von uns genannt wurde – war ursprünglich ein liebenswerter junger Mann, dessen ganze Liebe der Arktis galt und dessen sehnlichster Wunsch es schien, wieder dorthin zurückzugehen. Eine Überwinterung in Grönland, mit einem kleinen Dorf in der Nähe, wo er Kontakt zu den Einheimischen aufbauen würde, wo es Hundeschlitten gab, schien ihm geradezu die ideale Kombination. Jahrelang hatte er sich immer wieder bei mir gemeldet, war sogar von Spanien nach Norddeutschland getrampt, um sich bei mir vorzustellen. Er wohnte bei uns zu Hause, kochte die fantastischsten spanischen Gerichte und war bei allen beliebt. Er war bereits auf einer Expedition gewesen, sprach sogar ein wenig grönländisch und stellte meiner Einschätzung nach den idealen Überwinterer dar.

Führungsqualitäten

Während der Überwinterung in Ostgrönland wäre das Schiff beinahe von einer Lawine verschüttet worden. Sigga und Torsten graben das Heck des Schiffes frei.

Im Verlauf der Expedition veränderte sich Rafa zusehends. Die anfängliche Begeisterung wich einer gewissen Verbissenheit und Aggressivität. Auf eine subtile Art und Weise säte er Streit, kapselte sich immer mehr ab und suchte der Enge des Schiffes zu fliehen, wo immer sich dazu die Gelegenheit ergab.

Ich sprach ihn mehrfach darauf an, aber er antwortete ausweichend, versicherte mir gegenüber stets seine Loyalität und seinen Willen, die Expedition weiter durchzustehen. Seine Verhaltensweise im Team sprach eine andere Sprache. Ich machte mir Sorgen! Insbesondere deshalb, weil nicht ich selbst den bevorstehenden Winter leiten würde, sondern Sigga, eine sehr erfahrene Isländerin, zusammen mit Torsten Heller, der ebenfalls schon lange im Team war. Bevor ich das Schiff, das mittlerweile in einer Bucht des Scoresbysundes eingefroren war an die drei Überwinterer übergab, nahm ich Rafa nochmals beiseite. Beim Schein von flackernden Petroleumlampen, deren schimmerndes Licht von den lackierten Holzverkleidungen der kleinen Bugkajüte reflektiert wurde, sagte ich ihm ohne Wenn und Aber, was geschehen würde, wenn er sich nicht so verhalten würde, wie es dem Team, der Schiffssicherheit und der Verträglichkeit entsprechen würde. »Von dem Tag, an dem ich das Schiff verlasse, wird Sigga die Schiffsleitung übernehmen. Du bekommst eine letzte Chance. Wenn Sigga mir aber mitteilt, dass du Schwierigkeiten machst, werde ich dich ungeachtet aller Kosten in den nächsten Flieger nach Spanien verfrachten. Entweder du richtest dich danach oder du gehst!«

Sigga und Torsten zeigten mehr Geduld und Verständnis als ich es jemals aufgebracht hätte, aber irgendwann ging es einfach nicht mehr. Sigga rief mich über Satellitentelefon an, zwei Tage später saß Rafa im Flieger nach Island und von dort aus Nonstop nach Madrid. Als Ersatz kam eine Freundin von Sigga aus Island hinzu, der Rest der Überwinterung verlief von den klimatischen Schwierigkeiten einmal abgesehen völlig problemlos.

Deshalb bin ich Rafa nie böse gewesen. Das Problem bei ihm war, dass ihn die Situation hoffnungslos überfordert hatte, er es aber selbst nicht erkannte oder nicht wahrhaben wollte. Er war an seine Grenze gestoßen und verfügte nicht über die Möglichkeiten, sie zu überwinden.

Ein ähnliches Problem habe ich bei den meisten Bewerbern, von denen es jede Menge gibt, die mit auf eine meiner nächsten Expeditionen möchten. Wenn sie mir gegenübersitzen, strahlen ihre Augen voller Begeisterung für das bevorstehende Abenteuer. Bedenken werden mit einer Handbewegung abgetan. »Das wollte ich schon immer machen« und »mit der Situation kann ich umgehen« sind die gängigen Floskeln, die ich zu hören bekomme. Das Problem dieser Bewerber, die von dem, was sie sagen, ja wirklich überzeugt sind und keineswegs mit falschen Karten spielen, besteht darin, dass ihnen die Erfahrung fehlt. Sie waren noch nie in einer vergleichbaren Situation! Woher sollen sie wissen, wie sie mit Enge, Stress, Ängsten und dem Zeitfaktor klarkommen? Um mir und ihnen die Entscheidung zu erleichtern, lade ich diejenigen, die in die engere Wahl kommen, in der Regel zu einem längeren Training ein. Dabei geht es meist um nicht viel. Aber wer im Winter auf Nord- und Ostsee segelt, bei Nässe, Kälte und der Bordroutine seine Frau oder seinen Mann stehen muss, kann sich nicht mehr verstellen. Er offenbart sich mir und sich selbst, und häufig habe ich es nach einer solchen Probezeit erlebt, dass der oder die Betreffende sagt: »Lass man gut sein, das war eine interessante Erfahrung, aber nochmals brauche ich das nicht!« Dann können beide Seiten ohne Gesichtverlust auseinander gehen. Auch ich habe nach einer solchen Probefahrt Absagen erteilt.

Der Ausdruck »Master next to God« bezog sich auf die alten Segelschiffkapitäne, die über nahezu uneingeschränkte Machtbefugnisse an Bord verfügten. Sie waren wirklich Herr über Leben und Tod, ihr Wort war Gesetz, und es gab für die Seeleute selbst an Land kaum eine Möglichkeit, sich gegen die an Bord erfahrene Willkür zu wehren. Viele Kapitäne waren ausgesprochene Tyrannen, andere, die ebenfalls mit harter Hand regierten, erfreuten sich großer Achtung, wenn nicht gar Beliebtheit. Sie blieben fair.

Der Willkür und Machtverliebtheit sind heute gottlob Grenzen auferlegt worden, eine ausgesprochene Hierarchie gibt es aber natürlich immer noch auf Schiffen. Das ist sogar vom Gesetzgeber so vorgeschrieben – nicht nur in der modernen Großschifffahrt, sondern auch im Sport- und Freizeitbereich. Ein Schiff ist symbolträchtig. Es fährt von Punkt A los und will bei

Punkt B ankommen. Sind die Festmacherleinen einmal gelöst, ist das Fahrzeug eine kleine autarke Welt. Um den Betrieb aufrecht zu erhalten, ist ein hohes Maß an Selbstorganisation erforderlich wie etwa die Fähigkeit, Entscheidungen zu treffen. Es ist kein Zufall, dass Begriffe wie »wir sitzen alle im gleichen Boot« oder »an einem Strang ziehen« im Unternehmensbereich Verwendung finden. Ein Schiff bewegt sich stetig voran, muss Stürme überstehen oder untergehen. Auf jede Entscheidung folgt meist eine unmittelbare Antwort – war sie richtig oder falsch? Erst wenn das Schiff bei Punkt B angekommen ist, ist gleichsam auch das Unternehmensziel erreicht. Die Leinen werden an Land übergeben, das Schiff ist an seinem Bestimmungsort angekommen, bis ein neues Ziel vorgegeben und angesteuert wird. Dann beginnt alles von vorn.

»Wie läuft das bei euch an Bord ab? Wie trefft ihr Entscheidungen – stimmt ihr darüber ab?« Eine Frage, die mich immer wieder verwundert. Der von mir geschilderte Konflikt auf der ersten großen Reise der Dagmar Aaen basierte unter anderem zu einem großen Teil darauf, dass ich nicht von Anfang an konsequent auf die Einhaltung der Zielvorgaben bestanden habe. Mein Fehler war, dass ich den Teamgedanken falsch für mich interpretiert hatte. Ich meinte, mich ins Team einbinden zu müssen nach dem Motto »No ranks no titels« und erwartete, dass letztlich alle in jeder Situation zu einem ähnlichen Schluss kommen würden wie ich selbst oder aber zumindest so einsichtig wären, auch bei gegenteiliger Auffassung die vorherrschende Meinung zu stützen. Das war aber nicht der Fall. Ich wollte einer der ihren sein und mich möglichst wenig vom Rest der Crew abheben. Das ist letztlich auch bequemer so, weil man nicht allein da steht und einsame Entscheidungen treffen muss. Aber dieser anarchische Gedanke funktioniert in der Praxis nicht. Weder in Betrieben noch auf Expeditionen und schon gar nicht auf einem Schiff. Und die Unternehmen, die nach dem »No ranks no titels«-Prinzip verfahren, haben durchaus eine knallharte Hierarchie. Ge-

Führungsqualitäten

meint ist damit wohl auch mehr, dass jeder mit jedem und über alles reden kann. Die Türen stehen offen, es gibt keine Schwellenängste. So zumindest der Grundgedanke. Ob das immer so funktioniert, sei dahingestellt. Wenn dies aber der Grundgedanke ist, praktizieren wir ihn an Bord. Trotzdem bin ich der Kapitän und der ist in bestimmten Situationen letztlich immer der einsamste Mensch an Bord. Wenn ich zu dem Schluss komme, dass dringend ein Segelmanöver durchgeführt werden muss, kann ich mich nicht hinstellen und darüber diskutieren, ob man nun besser das erste oder zweite Reff einbindet. Ich muss entscheiden und der an Deck versammelten Crew klare Anweisungen

Führungsqualitäten

geben. Die Umsetzung findet dann in Eigenverantwortung der Mannschaft statt. Als Kapitän oder Teamleiter muss ich es aber zulassen, dass anschließend jemand aus der Crew auf mich zukommt und sagt: »War das nicht bereits ein bisschen spät?« oder etwa: »Das war doch wohl nicht nötig, so stark ist der Wind doch gar nicht!« *Führungsstärke besteht eben darin, auch Fehler einzuräumen und nicht ein verfrühtes oder verspätetes Manöver krampfhaft zu rechtfertigen.* Nobody is perfect, das gilt auch für einen Teamleiter.

Allerdings sollte sich seine Fehlerquote dabei sehr niedrig halten, ansonsten sollte er überlegen, ob er die richtige Person auf dem richtigen Posten ist. Und häufig sind derartige Einwände ja auch nicht stichhaltig. Dann besteht meine Aufgabe darin, die Entscheidung transparent und damit verständlicher zu machen. Daraus erwächst Vertrauen.

Wenn es die Zeit erlaubt, mich mit der Mannschaft zu beraten, tue ich das auch. Ich versuche, die Erfahrung und das Know-how aller Beteiligten zu nutzen, und treffe dann eine Entscheidung. Bevor ich mich also mit dem Schiff in ein unübersichtliches Eisfeld begebe,

Die DAGMAR AAEN im Eis der Nordostpassage bei dem ersten Versuch einer Durchfahrung.

Führungsqualitäten

werde ich diejenigen aus der Mannschaft, die über ähnliche Eiserfahrung verfügen wie ich, konsultieren. *Ich nutze das Potenzial des Teams.* Überheblichkeit und Selbstgefälligkeit sind wie immer völlig fehl am Platze.

Die Mannschaft, die mit mir auf Expedition geht, gewährt mir einen großen Vertrauensvorschuss. Das ist ganz sicher so! Sie vertrauen mir, dass ich das Projekt gut geplant habe, dass die Ausrüstung den Anforderungen entspricht und dass das Möglichste für die Sicherheit getan worden ist. Sie haben Vertrauen in meine Erfahrung, in meine Fähigkeit, nüchtern kritische Situationen zu analysieren und entsprechende Gegenmaßnahmen einzuleiten sowie stets Herr der Situation zu sein. Das ist ebenso Auszeichnung wie auch Verpflichtung. Das ehrt einen und belastet zugleich. Der Koch muss in jeder Situation kochen können, ob im Hafen oder im Orkan auf hoher See. Das ist seine Zuständigkeit wie meine das Führen des Schiffes ist. Meine Maßgabe an mich selbst lautet jeden Tag aufs Neue, das in mich gesetzte Vertrauen zu verdienen. So wie den Koch oder den Kapitän gibt es andere Aufgaben an Bord, wobei jeder sein eigenes Revier definiert hat. Auf diese Art und Weise kommt eine hoch spezialisierte Gruppe von Menschen zusammen, die gemeinsam das scheinbar Unmögliche möglich machen. *Jedes Team erwartet klare Führungsstrukturen, ebenso wie klar definierte Spielregeln, innerhalb derer es sich bewegen kann.* Das ist an Bord sicher nicht anders als in einem Unternehmen. Das Problem besteht nur häufig darin, dass Führungspersonen Kritik als einen Angriff auf ihre Persönlichkeit betrachten. Sie fühlen sich verletzt und blocken alles Weitere ab, anstatt sich sachlich mit dem Thema zu beschäftigen. Ein anderes Problem ist die Überheblichkeit und die Selbstüberschätzung. Ich kann nicht auf allen Gebieten gleichermaßen gut sein. Es gibt immer Menschen, die in bestimmten Bereichen besser sind als ich selbst. Ich muss diese Menschen entsprechend ihrer Fähigkeiten einsetzen, sie mit den Aufgaben wachsen lassen und nicht ängstlich darauf ach-

Führungsqualitäten

ten, dass sie mir eventuell den Rang ablaufen könnten. Der Teamgedanke beinhaltet das Bündeln aller Fähigkeiten und Ressourcen, trägt in sich, jeden Menschen an den für ihn geeigneten Platz zu stellen und gemeinsam stark zu sein. Das gilt sowohl für den Leader wie für den Jüngsten und Unerfahrensten im Team. Dabei übernimmt der Leader quasi eine Moderatorenrolle, um die verschiedenen Fähigkeiten zu erkennen und entsprechend einzusetzen.

◆ Voraussetzung für innovatives Denken und Handeln ist unter anderem eine motivierte und in alle Prozesse eingebundene Belegschaft.

◆ Kommunikation zwischen allen Ebenen ist der Schlüssel für ein motiviertes Team. Das System »offene Türen« hat sich vielfach bewährt.

◆ Alarmzeichen für eine Störung in der Kommunikation oder im Teamgefüge müssen bewusst wahrgenommen werden. Es ist wichtig, möglichst unmittelbar darauf zu reagieren.

◆ Führungsstärke besteht in diesem Zusammenhang auch darin, Fehler einzuräumen und Entscheidungen im Nachhinein transparent zu machen.

◆ Ein Teamführer muss konsequent auf die Einhaltung von Zielvorgaben achten, denn jedes Team erwartet klare Führungsstrukturen.

◆ Gleichwohl sollte der Anspruch an sich selbst lauten, das Vertrauen des Teams sich jeden Tag aufs Neue zu erarbeiten.

Die Qualität einer Entscheidung und ihre Folgen

»Leben heißt den Gürtel enger schnallen und nach Schwierigkeiten Ausschau halten!«
(Alexis Sorbas im gleichnamigen Film)

Die Qualität einer Entscheidung und ihre Folgen

»Ganz schön mutig, was du da machst!« Ein Ausspruch, den ich häufig zu hören bekomme. Für mich hat das, was ich mache, weniger mit Mut zu tun als vielmehr mit Entschlossenheit und der felsenfesten Überzeugung, dass ich das, was ich mir vorgenommen habe, auch leisten kann. Mut ist erforderlich, um etwas zu tun, vor dem ich eigentlich Angst habe. Ich habe aber vor den Expeditionen an sich keine Angst, weil sie von mir selbst auf meine Fähigkeiten und Bedürfnisse zugeschnitten sind. Ein solches Projekt zu beginnen, erfordert also nicht mehr Mut als der Alltag jedem Menschen abfordert – ganz gleich was er macht.

Ich bin nicht mutiger oder ängstlicher als andere Menschen auch.

Für mich ist mein Tun mehr eine Frage der Entschlossenheit, des Durchsetzungsvermögens und des Glaubens an die eigene Leistungsfähigkeit. Wenn ich mich zu einem Projekt entschlossen habe, dann glaube ich auch, das Ziel erreichen zu können. Gleichwohl darf man nicht zaghaft sein, und um bestimmte Situationen meistern zu können, gehört auch ein Quäntchen Mut dazu.

Als ich 1984 zusammen mit meinem damaligen Begleiter Rainer Neuber in zwei Faltbooten Kap Hoorn im Winter umrundete, spürte ich vor bestimmten Etappen ein Gefühl der tiefen Sorge. Ich entsinne mich gut. Seit Tagen hatte es mit Sturmstärke geweht und dabei hatte sich eine hohe See aufgebaut, die sich donnernd und gischtend an den Klippen brach. Wir saßen, um Windschatten bemüht, geduckt hinter einigen großen Büscheln des Tussockgrases auf der Isla de Hornos, an deren Südküste das berühmte Kap liegt und blickten nachdenklich über das tosende Meer. Schon die Anreise hierher hatte nicht nur unser ganzes paddeltechnisches Können gefordert, sondern auch unser Nervenkostüm auf eine harte Probe gestellt. Es war bitterkalt, wolkenverhangen und fast durchgehend stürmisch gewesen. Aber als wir jetzt über die Klippen auf das im Dunst liegende Kap blickten, sackte uns das Herz in die Hosen. Die Wetterprognosen waren schlecht. Ein Sturmtief nach dem anderen zog durch und nur für ein paar Stunden machte sich so etwas wie eine kurzfristige Wetterbesserung breit. Das hielt aber nie lange genug an, um die aufgewühlte See zu beruhigen. Immer wenn sie sich zu glätten schien, brauste das nächste Tief heran – es war zum Verzweifeln! Abbrechen? Wie weit darf ich mich vorwagen, bevor das Risiko überhand nimmt? Auf Rettung war nicht zu hoffen. Gefahr spielt sich in Sekunden und Minuten ab. Wie der Bergsteiger, der den Halt verliert und aus der Wand fällt, so würden wir bei falschem Timing und der verkehrten Strategie unweigerlich von der haushohen Brandung in die Klippen geworfen werden. Wer soll – wer kann dann noch helfen? Die Entscheidung ist der einsamste Moment und die Stunde der Verzweiflung. Wie leicht wäre es jetzt gewesen, einfach sitzen zu bleiben, die ganze Anspannung von sich zu schütteln und auf diese letzte und entscheidende Etappe zu verzichten. Der Rückweg, der noch vor uns lag, wäre ohnehin schon gefährlich und fordernd genug gewesen.

Aber deshalb waren wir nicht hiergekommen. Wir hatten schon zuvor die Bahia Nassau überquert, eine Strecke von 22 Seemeilen über die offene See bei ständig wechselndem Wetter und schlechter Sicht. All diese Risiken waren nur Wegbereiter für das letzte große Wagnis – die Umrundung des Kaps selbst. Wie der Gipfelaufbau eines besonders schwierigen und hohen Berges ragte das Kap vor uns auf. Aber jetzt aufzugeben kam für uns überhaupt nicht infrage! Irgendwann waren wir des Rumsitzens überdrüssig. Wir warteten eine leichte Wetterberuhigung ab und schoben im Windschatten der Insel unsere Boote ins Wasser. Kaum hatten wir die schützende Bucht verlassen, empfing uns eine hohe Dünung. Immer noch deckte uns die Insel ab. Wir legten die Boote dicht zusammen und überprüften gewissenhaft den Sitz der Spritzdecken, die Reservepaddel, die Sicherheitsleinen, dann gab es kein Halten mehr. Wir steuerten auf das Ostkap zu und reckten gespannt die Hälse, um frühzeitig zu erblicken, was uns dort erwarten würde. Als wir freie Sicht

Die Qualität einer Entscheidung und ihre Folgen

Der Morgen nach der erfolgreichen Umrundung Kap Hoorns. Die Faltboote sind mit Eis überzogen.

auf die offene See im Süden der Insel hatten, stockte uns für einen Moment der Atem. Von einer Anhöhe und mit festem Boden unter den Füßen auf die See zu blicken ist eine Sache. Aus der Perspektive eines Kajaks dasselbe zu tun, eine ganz andere. Wellenberge wanderten ungebremst auf uns zu, erfass-

ten die Boote, hoben sie in atemberaubendem Tempo empor, wanderten darunter durch und ließen sie in das folgende Wellental sinken. Dort wo das Kap in Untiefen und vorgelagerten Klippen auslief, brachen sie sich in ganzer Breite. Später haben wir von der chilenischen Marine erfahren, dass die

Wellenhöhe an diesem Tag durchschnittlich acht Meter betragen haben soll. Uns kamen sie noch viel höher vor. Wie durch eine Schlucht mussten wir uns zwischen den Untiefen hindurcharbeiten, während links und rechts das Donnern der Brandung jedes andere Geräusch übertönte und uns die Wellenungetüme Todesangst einjagten.

Trotzdem paddelten wir weiter. Danach gab es kein Zurück mehr. Bei Schneetreiben der vollen Wucht des Windes und der Seen ausgesetzt, paddelte jeder für sich um sein Leben und in die langsam hereinbrechende Nacht hinein. Das Kap Hoorn in Lee, die Kreuzseen, die unsere Boote wie Spielbälle umherwarfen, das Rauschen,

Donnernd bricht sich die Brandung an den Klippen von Kap Hoorn. Unglaublich, dass wir bei diesen Verhältnissen eine Umrundung im Faltboot meisterten.

wenn das Boot ein Wellental hinuntersurfte, das Brennen des Salzwassers in den Augen, die schmerzenden Muskeln – das alles wirkte fast surrealistisch. Wir funktionierten wie Maschinen.
Und die Angst? Ich hatte streckenweise eine »Scheißangst« – weniger drastisch lässt es sich einfach nicht ausdrücken. Sie äußerte sich aber nicht darin, dass ich verzweifelte oder hektisch reagierte. Ich reagierte eben so gut ich konnte, und sie bewirkte bei mir eine Art Wut und Entschlossenheit, das alles durchzustehen. Die durch langjähriges autogenes Training verinnerlichte Vorgabe »Du schaffst es, du gibst nicht auf!« bestimmte mein ganzes Handeln. Ich war mir völlig der Tatsache bewusst, dass der kleinste Fehler das Ende bedeutet hätte – der durfte eben nicht passieren. Die Angst half mir, sie versetzte mich in einen Zustand, der mich über mich selbst hinauswachsen ließ. Willentlich hätte ich unter normalen Verhältnissen diese Leistung nicht abrufen können. Als wir viele Stunden später und bei stockfinsterer Nacht wieder in den Windschatten der Insel eintauchten und sich die See langsam beruhigte, waren wir völlig leer und ausgebrannt. Das Kentern beim Anlanden in der immer noch spürbaren Dünung, zudem in eiskaltem Wasser, das Bergen der Boote, der verzweifelte Versuch auf einem Fleckchen Felsen ein Zelt aufzubauen – das alles lief irgendwie automatisch und nur mit eingeschränkter Wahrnehmung ab. Wir funktionierten, waren aber zu keiner Gefühlsregung fähig. Von Muskelkrämpfen geplagt, völlig überdreht und unfähig, Ruhe und Entspannung zu finden, hockten wir die ersten Stunden in unseren nassen Sachen in dem halbwegs aufgestellten Zelt. Erst nachdem wir jeder eine Zigarre geraucht und gemeinsam eine eigens für diesen Tag mitgeführte Flasche Wein geleert hatten, kamen Ruhe und Entspannung. Ein Gefühl des Triumphes, des Sieges – nicht über die Natur, sondern über uns selbst. Wir hatten unsere Ängste überwunden und eine gekonnte Gratwanderung vollzogen. Gewiss, wir hatten auch Glück gehabt, aber dennoch war es kein Zufall, dass wir erfolgreich waren. Wir hatten

Es vergeht kein Tag, an dem wir nicht gegen die hoch laufenden Wellen gegenanpaddeln müssen. Stets ist volle Konzentration erforderlich.

das richtige Zeitfenster gewählt, hatten physisch und mental die Aufgabe gemeistert und waren dabei noch über uns hinausgewachsen. Was uns umgebracht hätte, wäre Panik gewesen. Aber die Angst – auch wenn sie keiner gerne verspürt – hat uns geholfen.

Es ist bisweilen unverständlich, warum man an den Vorgaben festhält. So wie bei der Kap Hoorn-Umrundung habe ich andere Situationen durchlebt, in denen man sich hinterher fragte, warum man nicht einfach aufgegeben hat? Das hat nichts mit Leichtsinn zu tun. Auch nicht mit dem vermeintlichen Druck, erfolgreich sein zu müssen. *Ich* bin es, der im Rahmen meiner Möglichkeiten erfolgreich sein will. Meine Partner wollen es genauso. Während der Shackleton-Expedition, in deren Verlauf wir die historische Rettungsbootsfahrt von Sir Ernest Shackleton im Maßstab 1:1 mit einem originalgetreuem Nachbau seines Bootes nachvollzogen haben, gerieten wir in eine ähnliche Situation. Unser Ziel, die Insel Südgeorgien, lag wie ein überdimensionierter Wellenbrecher genau in der Zugbahn der Tiefdrucksysteme. Als wir uns der Insel nach einer strapaziösen und gefahrvollen Reise annäherten, hatten wir Sturm, Nebel, kaum Tageslicht und eine unüberschaubare Anzahl von Eisbergen, die uns jederzeit zum Verhängnis werden konnten. Das Boot verfügte über keinen Motor und besaß nur mäßige Segeleigenschaften. Trotzdem gaben wir vier den Versuch an dieser Küste zu landen nicht auf. Wären wir um die Insel herum gesegelt, hätten wir im Windschatten anlanden können; aber wir wollten wie Shackleton auch noch zu Fuß das Hochgebirge dieser Insel durchqueren. Wir kämpften um jeden Meter. Immer wieder gerieten wir in die Abdeckung von riesigen Eisbergen, die uns den Wind aus den Segeln nahmen, gleichzeitig aber mit schäumender Bugwelle auf uns zu trieben. Zum Teil wiesen diese Eisberge in der Wasserlinie Grotten und Höhlen auf, in die unser kleines Boot mühelos hineingepasst hätte. Wenn das passiert wäre, hätte es nur weniger Momente bedurft, um aus dem Boot und uns Kleinholz zu machen. Wie das unmittelbare Verhängnis tauchten diese kalten Riesen aus dem Nebel auf, als hätten sie es auf uns abgesehen. Und hatten wir es wieder einmal geschafft, dem drohenden Verhängnis zu entgehen, blieben der Sturm, der Seegang, die nahen Klippen und die klamme Frage, wann der nächste Eisberg vor uns auftaucht. Als einzige Hilfestellung ließen wir uns kurzfristig von dem auf uns wartenden Schiff mit dem Kamerateam durch einen Eisgürtel schleppen, der unmittelbar vor dem Eingang zur Bucht lag. Bei Shackle-

Die Qualität einer Entscheidung und ihre Folgen

ton gab es dieses Eis damals nicht und anders wären wir nicht hineingekommen. Insofern war das vertretbar. Trotz der allgemeinen Anspannung und der Erschöpfung waren wir immer noch fähig, klar zu denken und (lebens)wichtige Entscheidungen zu treffen. Ohne die Schlepphilfe wäre unser Boot zu guter Letzt im Eis zerstört worden. Die Abwägung funktionierte noch, der klare Blick für die Gegebenheiten, die Urteilskraft waren trotz der dramatischen Umstände nicht getrübt. *Die Kunst des Expeditionsreisens besteht unter anderem zu einem wesentlichen Bestandteil darin, sich an das Limit heranzutasten, mit der physischen und psychischen Belastung sowie den Ängsten zu arbeiten und umzugehen, ohne dabei den berühmten Schritt zu viel zu tun.* Die Begriffe »wir sitzen alle im selben Boot«, oder »am Abgrund stehen« haben in dieser Situation eine ganz reale Bedeutung.

Ich schildere diese Beispiele um zu verdeutlichen, dass wir keine »furchtlosen Helden« sind, sondern Spezialisten, die mit handwerklichem Geschick schwierigste Situationen meistern können. Nicht weil wir Übermenschen wären oder besonders tollkühn sind, sondern weil wir gewillt sind, Höchstleistungen zu erbringen, andererseits aber auch bereit sind, den langen Weg zu gehen, der notwendig ist, um sich das erforderliche Know-how und die nötige Erfahrung anzueignen.

Karriere steht am Ende der Leistungsskala und nicht an deren Anfang.

Der Spezialist, der einsam vor einem Blindgänger aus dem Zweiten Weltkrieg steht und ihn entschärfen soll, wird vermutlich bei einigen Bombenexemplaren nie ganz frei von Angst sein. Deshalb wird man ihn schwerlich als einen Hasardeur bezeichnen können. Er leistet eine Arbeit, die er frei gewählt hat und die er besser beherrscht als jeder andere. Auch der Manager, der für das Unternehmen (überlebens)wichtige Entscheidungen zu fällen hat, wird das nicht immer ohne Besorgnis tun. Die Angst, das Falsche zu tun, sensibilisiert die Wahrnehmung und die Instinkte. Es ist ein Selbstschutz. Aber es gibt natürlich Ängste, die auf einer anderen Ebene angesiedelt sind. Bei einer Veranstaltung, auf der ich zu diesem Thema gesprochen habe, wurde bei den Mitarbeitern eine Umfrage gestartet, welche Grenze sie einmal überwinden möchten. Die Antworten haben mich damals einigermaßen überrascht. Es kamen Antworten wie etwa »Einmal etwas tun, was keiner erwartet«. Oder »den Mut haben, mit meinem Chef über die geschäftlichen, organisatorischen Angelegenheiten zu reden.« Andere wiederum antworteten: »Alleine in ein fremdes Land gehen, um eine neue Sprache zu erlernen« oder »Nein sagen können, wenn jemand Rabatt möchte«. Die Liste könnte beliebig fortgesetzt werden. Einige der Teilnehmer sprach ich damals direkt an: »Warum um alles in der Welt tun Sie das denn nicht, wenn Ihnen das so wichtig ist?« Die Antworten waren meistens »Ich trau mich nicht«, oder »Das kann man doch nicht machen.« Die Hemmungen sich zu entfalten haben etwas mit Ängsten zu tun. Ängsten, sich einen Rüffel vom Chef einzufangen, der, wenn er tatsächlich so reagieren würde,

sich mal fragen sollte, ob er nicht ein Seminar über Menschenführung besuchen müsste; oder ganz einfach die Angst zu versagen oder sich bloßzustellen. Ängste treten in allen Lebenslagen auf – nicht nur in Extremsituationen. Wer sagt, er habe keine Angst, ist entweder nicht ehrlich oder nicht überlebensfähig.
Wer die Erschöpfung und die Angst nicht bisweilen zulässt, stagniert. Die ultimative Angst eines jeden Menschen vor dem Tod verhindert nicht, dass er irgendwann eintritt. Die Angst schützt uns aber davor das Lebenspotenzial leichtsinnig aufs Spiel zu setzen – und übt damit einen positiven Einfluss aus. Keine Entscheidung zu treffen aus Angst, sich möglicherweise für das Falsche zu entscheiden, ist immer noch schlechter als sich tatsächlich geirrt zu haben.
Auf einem Erste Hilfe-Lehrgang, den wir unlängst wie jedes Jahr für unser Team anboten und in dem es gerade um das Thema Reanimation ging, sagte der ausbildende Notarzt: »Es ist immer noch besser irgendeine Maßnahme einzuleiten, um den Verunglückten wiederzu-

beleben, als gar nichts zu tun, um ihn herumzustehen und zu debattieren. Im letzteren Fall ist der Tod gewiss, im anderen Fall besteht zumindest eine Chance der Rettung.« Nur aus dem Sich-Fordern und dem Sich-Stellen kann eine neue Tür aufgestoßen werden. Ich bin der festen Überzeugung, dass das sowohl für den einzelnen, privaten Menschen gilt, wie für den Bergarbeiter, den Kfz-Mechaniker, den Lehrer, den Unternehmer, den Bombenentschärfer oder eben den Expeditionsreisenden.

Ängste, Freude, Liebe und Neugier sind allesamt Parameter, die unser Dasein bestimmen – neben vielen anderen. Wir müssen sie zulassen, uns mit ihnen auseinander setzen und sie als Teil von uns akzeptieren, dann helfen sie uns auch. *»Man kennt nur die Dinge, die man zähmt«* (Antoine de Saint Exupéry).

♦ Angst, egal in welcher Situation, ist nicht unbedingt negativ, sondern kann ganz im Gegenteil hilfreich sein und neue Energien freisetzen. Oft ist sie sogar förderlich für den Erfolg einer Unternehmung – sofern man sich nicht von ihr lähmen lässt.

♦ Wer Angst und Erschöpfung – Letzteres im physischen wie im psychischen Bereich – nicht zulässt, stagniert.

♦ Wichtig ist, sich an das Limit heranzutasten, mit allen Belastungen sowie Ängsten umzugehen, ohne dabei den berühmten Schritt zu viel zu tun.

♦ Angst muss bewusst erfahren werden, um an ihr wachsen zu können.

♦ Höchstleistungen können daher immer erst am Ende einer Karriere, niemals aber an deren Anfang stehen.

Blockade und Kreativität

»Die Dinge, die wir wirklich
wissen, sind nicht die Dinge,
die wir gehört oder gelesen haben,
vielmehr sind es die Dinge, die wir
gelebt, erfahren und empfunden haben.«
(Calvin M. Woodwards)

Blockade und Kreativität

Viele Menschen konzentrieren sich ausschließlich auf das vermeintlich Wesentliche – das Geldverdienen. Geld als Maßstab des Erfolgs, des Glücks, der Sicherheit. Der Ausspruch »die Schönen und Reichen« spiegelt in gewisser Weise die vermeintliche Wertschätzung der Gesellschaft wieder. Die Werbung ist voll von diesem Zeug. Viele Menschen sind gedanklich so sehr darauf fixiert und eingezwängt, dass sie alles andere aus dem Blickfeld verlieren. Nun wird keiner ernsthaft behaupten wollen, dass ein gutes Einkommen oder ein gewisses Vermögen hinderlich und der Lebensqualität

Eingefroren in meterdickem Eis und bei flackerndem Polarlichter verbringt die DAGMAR AAEN den Winter.

Blockade und Kreativität

abträglich wäre. Aber die Ausschließlichkeit des Interesses führt zu einer Blockadehaltung. Wie mit Scheuklappen wandert derjenige durchs Leben und lässt Impulse, die nicht unmittelbar mit Mehrwert zu tun haben, von sich abprallen. Er mag tüchtig sein und fleißig, und auch reich – ob er dadurch glücklicher wird, wage ich zu bezweifeln. Die Kreativität bleibt dabei vermutlich auf der Strecke. Was ist das bisweilen für ein Gehechel hinter fragwürdigen Zielen her! Was sind das für Werbezwecke konstruierte Ängste, die uns aufgepfropft werden und die uns nicht mehr schlafen lassen. »Bin ich ausreichend versichert? Warum kann ich nicht so viele Fernsehkanäle empfangen wie mein Nachbar? Was für einen Rentenanspruch habe ich in 35 Jahren? Habe ich heute Abend etwa genmanipulierte Tomaten gegessen?«

Wenn ich hier lebe, bin ich genauso wenig frei von derartigen Überlegungen wie meine Mitmenschen. Aber ich bin wahrscheinlich nachdenklicher und kritischer geworden aufgrund meines »anderen« Lebens, das ich draußen in der Natur führe. Dort ist der Moment häufig der alles entscheidende Lebensabschnitt: Das Glücksgefühl beim Betrachten eines triefenden und von Spritzwasser glänzenden Rückens eines Wales, die Furcht beim Abgehen einer Lawine, das Staunen über das Polarlicht, das beklemmende Gefühl, das eine heftige Sturzsee auslöst, die alles zu verschlingen droht, oder die Kälte, die einen überwältigen will. Für profane Dinge bleibt da kein Raum. Was interessiert mich denn im Sturm zwischen turmhohen Wellen, was meine Spareinlagen auf der Bank an Zinserträgen abwerfen? Das Leben auf meinen Expeditionen ist unmittelbar und intensiv – ohne eitle Prestigeobjekte oder Statussymbole. Es dominiert der gelebte Moment, und Zeit gewinnt eine andere Dimension und Qualität. Die Bilder, die Erinnerungen bleiben unauslöschlich im Gedächtnis. Aber die Fähigkeit so zu leben lässt sich nicht im Maßstab 1:1 in den hiesigen Alltag hinüberretten. Ich fühle mich bei meiner Rückkehr stets ein wenig wie ein Chamäleon,

Blockade und Kreativität

das spontan sein Erscheinungsbild verändert. Deshalb bleibt das Chamäleon aber trotzdem, was es ist: Es passt sich nur äußerlich seiner Umgebung an, um zu überleben – ohne dabei innerlich angepasst zu sein.

Im Ausland werden wir Deutschen wegen unseres sorgenvollen Blickes in die Zukunft belächelt. Allzu oft dominiert die Sorge bei uns, welch Ungemach irgendwann einmal eintreten und welches Verhängnis hinter der nächsten Biegung unseres individuellen Lebensweges auf uns warten könnte. Dabei wird dann häufig der momentan gelebte Augenblick völlig vergessen. In anderen Kulturbereichen lebt man den Augenblick bewusster als hierzulande. Trotzdem meistert man Probleme dort genauso und lebt auch nicht schlechter. Es gibt eben nicht nur »unseren« Weg um zum Ziel zu gelangen. *Lebenszeit ist das eigentliche Vermögen, was wir Menschen auf dieser Welt haben, und deshalb haben diejenigen, die den Augenblick leben, auch ein besseres »Vermögensmanagement« als die ständig Furchtsamen. Sie leben*

effektiver als die Zukunftsorientierten, weil sie ihre Zeit besser ausnutzen.

Zeit, dieses begrenzte Potenzial, ist mir von jeher als eines der kostbarsten Güter vorgekommen. Ohne in eine Art Endzeitstimmung verfallen zu wollen, hatte ich irgendwie stets das Gefühl, dass bei meiner Geburt eine imaginäre Hand eine Art Sanduhr umgedreht hat. Seither rieselt Sandkorn um Sandkorn durch den Glaszylinder, und keiner weiß – Gott sei Dank – wie viel Sand noch in dem oberen Zylinder ist. Meine Schreckensvision war, dass ich irgendwann einmal aufwache und feststelle, dass ich dieses Zeitpotenzial ungenutzt habe verstreichen lassen. Ich will aktiv am Leben teilnehmen, gestalten, verändern, Ziele setzen und erreichen. Ich verstehe mich als Produzent und nicht als Konsument. Wer die Arbeitszeit als lästige Pflicht versteht, vergibt eine Chance. Jeder Langzeitarbeitslose kann ein Lied davon singen! Einmal von den finanziellen Einbußen abgesehen, ist ihm die Möglichkeit genommen sich produktiv zu betätigen. Es fehlen die Kolle-

Blockade und Kreativität

Im Team unterwegs zu sein und solche Augenblicke wie diesen hier bei der Erkundung der grönländischen Ostküste bewusst wahrzunehmen ist alle Mühen wert.

gen, das soziale Gefüge, das einen umgibt, wenn man in einem Arbeitsprozess eingebunden ist. Das Gefühl, nicht gebraucht zu werden, sich nicht in seinem Beruf betätigen zu können, ist schlimm.

Auch der Jugendwahn in einigen Unternehmen, bei denen ältere Mitarbeiter aus dem Unternehmen wegrationalisiert werden, ist bedenklich und unsinnig zugleich. Vor einiger Zeit habe ich einen Vortrag in einem großen Unternehmen gehalten. Es waren rund 600 Personen im Saal, Durchschnittsalter 34 Jahre. Ich habe anschließend einige Mitarbeiter gefragt, ob dieser Altersdurchschnitt eigent-

Blockade und Kreativität

Ein Schiff wie die DAGMAR AAEN zu segeln, bedeutet auch im übertragenen Sinne für alle gemeinsam an einem Strang zu ziehen. Alleine geht gar nichts!

lich aus ihrer Sicht wünschenswert sei. Die Antwort war ein ziemlich eindeutiges »Nein! Oft genug müssen wir das Rad immer wieder neu erfinden, da Lebens- und Berufserfahrung in diesem Unternehmen nur sehr bedingt vertreten sind. Was hier zählt, ist allein die Belastbarkeit, der bedingungslose Arbeitseinsatz und natürlich die Erfolgsquote.«

Ich komme zurück auf den Begriff der Unternehmenskultur. Darunter verstehe ich gerade die soziale Kompetenz, die aus dem Zusammenspiel verschiedener Lebenserfahrungen und dem Umgang miteinander resultiert.

Blockade und Kreativität

Mein Team auf der DAGMAR AAEN hat eine gemischte Altersstruktur. Die Jüngsten sind in der Regel in den Zwanzigern, der Älteste ist gerade siebzig geworden. Er ist aber topfit. Dazwischen sind alle Altersgruppen vertreten.

»Geht das überhaupt? Wie kann ein Siebzigjähriger mit der physischen Belastung umgehen? Ist das nicht zu gefährlich?«

Diese Fragen höre ich immer wieder. Die gängige Meinung ist, dass ein Expeditionsteam nur aus jungen, dynamischen Leuten besteht. Der Bergsteiger Michel Dacher ist mit 60 Jahren noch auf 8000-er gestiegen. Ein Thor Heyerdahl hat im hohen Alter aktiv geforscht und ein Jaques Ives Cousteau hat weit in den Siebzigern Expeditionen geleitet und anspruchsvolle Tauchgänge durchgeführt. Es gibt noch viel mehr Beispiele. Ich beobachte gelegentlich bei uns an Bord mit Spannung, wie die Jüngeren aus der Mannschaft mit den Älteren umgehen und umgekehrt. Es findet keine Abgrenzung statt. Jeder wird aufgrund seiner fachlichen und sozialen Kompetenz geachtet, aber nicht wegen der gelebten Lebenszeit. Das allein ist kein Qualitätsmerkmal – weder in der einen noch anderen Hinsicht. Es versteht sich von selbst, dass unser »Senior« nicht in die Takelage muss, um Segel zu bergen. Das können die Jungen machen, die solchen Momenten häufig entgegenfiebern. Er hat andere Aufgaben, die er wiederum so gut beherrscht, wie kein anderer aus dem Team. Er ist unersetzlich.

Summa summarum prägen alle Talente und alle Persönlichkeiten ein Team. Es entsteht ein Spannungsfeld, in dem alle voneinander profitieren. Zuneigung oder Abneigung in unserem Team ist nicht altersabhängig. Von der Lebenserfahrung eines älteren Crewmitgliedes profitieren die jüngeren. Die Älteren profitieren wiederum von der Dynamik, der Sorglosigkeit, der Spannkraft und der Energie der jungen Leute. Diese Abläufe brauche ich in meiner Mannschaft! Sie sind gewollt. Immer vorausgesetzt, dass der Betreffende qualifiziert und zur Leistung bereit ist, vermag jede Altersstufe einen wichtigen Input zu leisten und damit einem Projekt zu dienen – gleich ob es sich um eine Expedition handelt oder um ein Unternehmen.

Ebenfalls wichtig für das gute Funktionieren meiner Crew ist die Tatsache, dass sie aus Männern und Frauen besteht. Viele können sich dieses enge Zusammenleben an Bord kaum vorstellen, doch neben der Tatsache, dass auch hier beide Seiten voneinander profitieren und sich ergänzen, ist es am wichtigsten, dass sich alle an Bord in erster Linie als Menschen betrachten – unabhängig vom Geschlecht. Eine Frau kann ebenso sehr »ihren Mann« stehen wie ein Mann bestimmte Aufgaben nicht zu leisten imstande ist. Verantwortung tragen alle gemeinsam. Es ist ein absolut gleichberechtigtes Miteinander, das in vielen Unternehmen, gerade in Führungsetagen, viel zu wenig umgesetzt wird. Gleiches gilt übrigens auch für die Internationalität eines Teams. Wertvolle Resourcen gehen so verloren. Häufig entwickelt sich in einem derart strukturierten Team eine Persönlichkeit heraus, die unabhängig von der Hierarchie eine Art »Anchorman« darstellt. Bei uns an Bord ist es häufig der Koch gewesen, der Kummerkasten oder mahnendes Korrektiv zugleich war. Ihm oder ihr werden Probleme zugetragen, die mich bisweilen gar nicht erreichen. Dabei kann es sich um Unstimmigkeiten zwischen zwei Crewmitgliedern handeln, persönliche Sorgen oder einfach das Bedürfnis, sich einem integren Menschen anzuvertrauen. Es wird auf diese Art und Weise gepuffert, moderiert und ein Flow im zwischenmenschlichen Bereich hergestellt. Konflikte werden in ihrer Entstehung entschärft, und damit verhindert, dass sich einzelne Crewmitglieder isolieren oder sich eine Einzelkämpfermentalität breit macht, die letzlich jeden Einzelnen mit Fragen oder Problemen allein lässt. Darunter leiden die Effektivität und die Einsatzfreudigkeit.

Der Leistungsträger ist das Team in allen seinen Facetten und nicht der Einzelne.

Durch das »Abwettern« von Problemen im Team wird einem Konflikt häufig die Schärfe genommen. Bisweilen bekomme ich von dem »Anchorman« einen dezenten Hinweis – mehr nicht. Aber der reicht ja auch aus, um entsprechend zu reagieren und Vorgänge, die mir vielleicht entgangen waren oder nicht wichtig erschienen, neu zu bewerten. Umgekehrt funktioniert das übrigens genauso. Das Ziel ist ja stets, die Zusammenarbeit zwischen den Teilnehmern zu verbessern. Dazu müssen Barrieren identifiziert und beseitigt werden, damit sich jeder mit den Expeditions- oder Unternehmenszielen identifizieren kann. *Ich muss die richtige Saite in dem Menschen zum Klingen bringen, damit er sich einbringt und sich mit den Zielen identifiziert.* So etwas kann man nicht per Dekret verordnen, das muss wachsen. Wir Menschen sind letztendlich immer emotionale Geschöpfe. Dieser Tatsache muss jeder Teamführer Rechnung tragen.

♦ **Der momentane Augenblick ist es stets wert, bewusst wahrgenommen und erlebt zu werden.**

♦ **Lebenszeit ist der eigentliche Besitz, den wir Menschen auf dieser Welt haben. Deshalb haben diejenigen, die den Augenblick leben, auch ein besseres »Vermögensmanagement« als die ständig Furchtsamen. Weil sie ihre Zeit besser ausnutzen, leben sie effektiver als die Zukunftsorientierten.**

♦ **Kreativität entsteht vor allem dort, wo es eine Mischung aus Lebenserfahrung und verschiedenen Temperamenten gibt. So entsteht ein Spannungsfeld, in dem alle voneinander profitieren.**

♦ **Leistungsträger ist das Team in seiner Gesamtheit und nicht der Einzelne.**

Vertrauen schaffen – Vertrauen leben

»Glück besteht aus einem soliden Bankkonto, einer guten Köchin und einer tadellosen Verdauung.«
(Jean-Jacques Rousseau)

Vertrauen, Glück und Erfolg gehen eine Art Symbiose ein. Man mag das Glück im Sinne Rousseaus definieren oder auch nicht – in jedem Fall ist das Glück immer von Rahmenbedingungen abhängig. Und wenn es sich denn einstellt, schafft es seinerseits auch Potenziale.

Mir geht es aber weniger um die philosophische Betrachtung, was unter Glück zu verstehen ist, als um die Stimmungslage derjenigen, mit denen ich arbeite oder auf Expedition gehe. Um es vorauszuschicken: *Wenn jemand permanent unzufrieden mit den Lebensumständen und Abläufen auf einer Expedition ist, wird er in letzter Konsequenz auch unglücklich.* Er agiert verdrießlich, tut seinen Job ohne große Freude und macht nicht mehr als unbedingt notwendig. Eine glückliche und zufriedene Crew zu haben, ist also kein Luxus, den man sich leistet, und auch keine Gefühlsduselei, es liegt vielmehr im eigenen Interesse und ist zudem ein Gebot der menschlichen Fairness. Ich brauche eine hoch effektive und motivierte Crew und keine Miesepeter! Also muss ich dafür sorgen, dass die Menschen sich wohl fühlen. Ich muss deutlich machen, dass mir jeder gleichermaßen wichtig ist; ich muss seine Sorgen oder Ideen ernst nehmen und mich damit auseinander setzen. Auch das ist Leadership! *Es geht nicht nur darum, unternehmenswichtige Entscheidungen zu treffen – das wird ohnehin erwartet –, sondern es geht auch darum, ein Team aufzubauen und zu führen, das die Resourcen hat, gegebenenfalls über sich hinauszuwachsen.* Ein Team, das innerlich gestärkt und gewappnet ist für das Unvorhersehbare, das Unerwartete, das Risiko. Das klappt nur mit einem zufriedenen, einem glücklichen Team.

Unter Seefahrern gibt es den Ausdruck »a happy ship«. Damit ist nicht etwa das Schiff als solches gemeint, sondern der Geist, der es beseelt. »Ships are allright, it's the men on them«, lässt Joseph Conrad seinen alten Seemann Singleton in Zeiten großer Not sagen und drückt damit aus, dass egal wie schlecht das Schiff als Lebensplattform auch sein mag, es letztlich immer die Menschen sind, die

Vertrauen schaffen – Vertrauen leben

Crewbesprechung an Deck. Jeder wird in die Einzelheiten des Projektes eingeweiht und nach seiner Meinung dazu gefragt.

die Geschicke zum Guten oder Schlechten hinlenken.

»Du musst doch auch Vertrauen haben«, wurde mir vor etlichen Jahren einmal von einem Crewmitglied vorgehalten. Er sagte dies in einem so vorwurfsvollen und gekränkten Tonfall, dass es mir durch Mark und Bein ging. Der Auslöser dieser Unmutsbewegung war eigentlich nur eine Kleinigkeit gewesen. Nach dem Motto »Vertrauen ist gut, Kontrolle ist besser« hatte ich sämtliche Arbeiten überprüft, die der Betreffende gerade zu Ende gebracht hatte. Dabei ging es gar nicht um sicherheitsrelevante Maßnahmen, es waren normale Wartungsarbeiten, die von dem Crewmitglied in jeder Hinsicht zuverlässig erledigt worden waren. »Warum deshalb diese Überprü-

Martin Friederichs bestimmt unsere Position. Ohne das Vertrauen in das Können meiner Crew könnte ich keine Expeditionen durchführen.

fung?«, fragte ich mich selbst. Ich glaube, es rührte noch aus der Zeit her, wo ich ganz allein oder in sehr kleinen Teams unterwegs war. Wo ich zwangsläufig für alles verantwortlich zeichnete. Das, was für eine Soloexpedition gilt, kann aber keineswegs auf ein Team von zehn oder zwölf Leuten übertragen werden. *Ich musste ein anderes Selbstverständnis erlangen, musste lernen, dass Führen auch Delegieren bedeutet – und natürlich Vertrauen zu haben. Kann ich das nicht, bin ich fehl am Platze.*

Ich habe mich damals bei dem Crewmitglied entschuldigt und damit war die Sache aus der Welt. Für mich waren diese an sich unbedeutenden Erlebnisse sowie andere ähnlich gelagerte Zwischenfälle eine Art Schlüsselerlebnisse, die letztlich dazu führten, dass ich meinen Führungsstil geändert habe.

Wie sehr ein Mangel an Vertrauen schadet, hat mir auch ein anderes Beispiel gezeigt. Wir waren mit der DAGAMAR AAEN – was selten genug vorkommt – in Äquatornähe unterwegs. Die Nacht war schwül und drückend, gelegentlich zogen dunkle Wolkenwände heran, die neben wolkenbruchartigem Regen oft auch stürmische Böen mitbrachten. Als wieder einmal eine solche Wand auf uns zukam, gab ich Order, das Groß zu reffen und den Klüver zu bergen. Roger, der achtern bei mir bereit stand, um die Großschot zu holen, betrachtete versonnen, wie die dunkle Wolkenwand sich zügiger näherte, als wir zunächst erwartet hatten. Plötzlich musste alles ganz schnell gehen, Schot holen, Klaufall, Piekfall auffieren, das Reff einbinden, die Fallen wieder durchsetzen –

mir ging das alles nicht schnell genug. Das Ruder an jemand anderen übergeben, Roger die Schot aus der Hand nehmen und nach meinem Dafürhalten mit doppelter Geschwindigkeit die Lose herausholen war eine Sache von Momenten. Nötig war die Maßnahme nicht, denn der Wind entpuppte sich als nicht ganz so stark wie befürchtet und nach ein paar Minuten war der Spuk vorbei. Übrig blieb ein völlig konsternierter Roger, der sich zutiefst beleidigt fühlte. Ich hatte ihm ohne ein Wort zu sagen die Schot aus der Hand gerissen und ihm damit seine Aufgabe genommen. Diese Maßnahme offenbarte – so musste er das sehen – einen völligen Mangel an Vertrauen hinsichtlich seiner Fähigkeiten, die Lage richtig einzuschätzen und entsprechend zu reagieren. Er war verletzt, fühlte sich ungerecht behandelt und letztlich überflüssig.

Ich hatte das gar nicht so gemeint, aber durch diese Unbedachtsamkeit eine Wunde geschlagen, die einige Zeit brauchte, um zu verheilen. Ich fragte mich schließlich, wie ich selbst wohl reagieren würde, wenn man mich in dieser Art maßregeln würde. Ich wäre sicher ärgerlich und gekränkt. Die Reaktion, die ein solches Verhalten provoziert, lässt sich vereinfacht auf die trotzige Formel bringen: »Mach deinen Scheiß doch allein!« Kontraproduktiver kann es nicht laufen, diese Reaktion ist das Letzte, was ich in einem Team, wie immer es auch geartet sein mag, gebrauchen kann.

Ich war derjenige, der lernen musste, und es fiel mir wahrlich nicht leicht. Kletterte ich sonst bei jedem nächtlichen Segelmanöver aus meiner Koje, um aus dem Niedergang zu überprüfen, ob das Manöver ganz in meinem Sinne durchgeführt wurde, zwang ich mich fortan liegen zu bleiben. »Du hast die Crew ausgewählt, du weißt, dass die Leute das können, also lass sie es auch eigenverantwortlich machen!« Es gibt natürlich Situationen, in denen ich trotzdem aufstehe und an Deck gehe. Bei schlechtem Wetter etwa oder bei schwierigen Fahrwassern. Aber das ist dann ein ganz normaler Vorgang und die Aufgabe eines jeden Skippers. Das wird dann auch von der Crew so erwartet. Hier gilt es also zu unterscheiden.

Seit jenen frühen Jahren habe ich Strukturen und Eigenverantwortlichkeiten in dem Team geschaffen. Wenn unser Maschinist Egon Fogtmann nicht an Bord ist, übernehme ich seinen Part mit. Letztlich ist das mein gelernter Beruf, den ich auf Frachtschiffen ausgeübt habe, und Technik hat mir zudem immer Spaß gebracht. Ich mache das also gerne! Wenn Egon jedoch an Bord kommt, ziehe ich mich sofort von allen Vorgängen im und um den Maschinenraum zurück. Einmal davon abgesehen, dass ich Egon fachlich gesehen in keiner Weise das Wasser reichen kann – er hat diesen Beruf sein Leben lang ausgeübt –, fällt die Abteilung Technik in Egons Zuständigkeitsbereich. Gibt es ein Problem, das über die Grenzen des Maschinenraums von Bedeutung ist, kommt Egon zu mir und bespricht es mit mir. Dann, aber auch erst dann, mische ich mich ein. *Auf diese Art und Weise hält Egon mir den Rücken frei und schafft mir Freiräume, die ich mit anderen wichtigen Inhalten füllen kann.*

Täte er das nicht, bzw. *würde ich seine Fachkompetenz nicht im vollen Umfang einsetzen, würde er sich unterfordert fühlen und ich mich durch die Vielzahl unnötiger Arbeiten blockieren.* Als Teamleiter muss ich kreativ sein. Ich muss Ideen haben, Perspektiven entwickeln und Vordenker sein.

Ein weiteres Beispiel ist das Thema Fotografie. Expeditionsreisen, wie wir sie durchführen, haben klar definierte Aufgaben und eine maßgebliche davon ist die Dokumentation. Will man in der heutigen Medienlandschaft bestehen, dann muss der dokumentarische Bereich in jeder Hinsicht einem professionellen Standard entsprechen. Das »Knipsen« von farbenfrohen Sonnenuntergängen oder subjektiven Erinnerungsfotos mag allenfalls den Ansprüchen einer Urlaubsreise genügen, professionellen Anforderungen entspricht das keineswegs. Wird eine Expedition folglich nicht oder nur unvollständig durchfotografiert, ist der Bereich Dokumentation als Gesamtverlust zu betrachten. Der Fotograf muss also von Anfang an die Übersicht behalten und alle

Das Durchfotografieren einer Expedition abzugeben fiel mir nicht leicht, war aber richtig. Unser Fotograf Torsten Heller lebt in ständiger Sorge, ob die Anzahl der Filme ausreicht.

Aspekte einer Expedition fotografisch abarbeiten. Bei Sturm, bei Müdigkeit, Langeweile oder Gefahren. Das ist schwieriger und komplexer, als es sich anhört.
Früher habe ich fast ausschließlich selbst alle Fotos gemacht. Seit einigen Jahren ist Torsten Heller hauptamtlicher Fotograf im Team. Ich fotografiere zwar auch noch, so wie andere aus der Mannschaft das natürlich ebenfalls tun, aber die Aufgabe und damit auch die Verantwortung für eine umfassende und erfolgreiche Abwicklung obliegt Torsten. Der hat sich am Anfang schwer damit getan. Wie auch ich, hat er sich das Fotografieren selbst beigebracht und musste daher zunächst einmal mit den Aufgaben wachsen. Aber mit zunehmender Erfahrung und wach-

sender Akzeptanz wuchs auch sein Selbstbewusstsein – und die Qualität seiner Arbeit. Ich ließ ihn machen, weil ich an ihn glaubte und weil er sich »freischwimmen« musste. Inzwischen sind seine Fotoreportagen in so renommierten Magazinen wie »National Geographic« erschienen. Mir selbst fiel dieses Loslassen von der Fotografie anfänglich schwer. Ich wusste, was davon abhing, andererseits war ich gerade in kritischen Momenten als Schiffsführer oder Expeditionsleiter gefordert. Beide Aufgaben konnten nicht zeitgleich und zufriedenstellend ausgeführt werden, also musste ich diese Aufgabe delegieren. Es gibt zwischen Torsten und mir immer wieder Gespräche über inhaltliche Schwerpunkte, von beiden Seiten gibt es hier und dort mal Kritik, aber das alles steht im Dienst der Sache. Hart in der Sache, aber fair im Umgang! Ich habe losgelassen, Torsten und seinem Engagement vertraut und damit eine wichtige Weichenstellung vollzogen. Und ich habe es ihm gesagt! *Loben ist etwas, was im Unternehmensalltag häufig völlig ins Hintertreffen gerät.*

Auf den alten Windjammern hieß es nach einem schwierigen Manöver »Besanschot an!«. Mit diesem Befehl war meist eine Wende oder Halse abgeschlossen, zugleich bedeutete es aber auch für jeden aus der Mannschaft ein Glas Rum. Die Crew versammelte sich an Deck und bekam die entsprechende Zuteilung, verbunden vielleicht noch mit einem »Gut gemacht!«. Mehr nicht. Nichts weiter als eine kleine Geste, ein Zeichen der Anerkennung, das von jedem verstanden

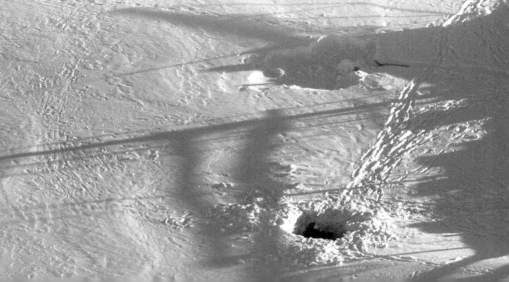

Vertrauen schaffen – Vertrauen leben

wurde. Ich frage mich, warum man sich heute bisweilen in Unternehmen so schwer tut, ein anerkennendes Wort oder gar ein Lob über die Lippen zu bringen. Indem ich dieses Lob nicht ausspreche, vergebe ich eine Chance. Wir haben es mit Menschen zu tun und nicht mit Maschinen.

Als sich im Jahre 2003 abzeichnete, dass wegen der extremen Eissituation eine vollständige Durchfahrung der Nordwestpassage nicht möglich sein würde und wir recht kurzfristig eine Überwinterung des Schiffes organisieren mussten, zeigte sich, was ein gutes und verantwortungsvolles Team bewegen kann. Obwohl jeder nach teilweise dramatischen Wochen im Packeis müde und ausgebrannt war, fanden sich trotz zeitlicher Engpässe und beruflicher wie familiärer Ver-

Die Dagmar Aaen während der Überwinterung im Scoresbysund, Ostgrönland.

pflichtungen sofort Crewmitglieder, die die erste Phase der Überwinterung durchführen wollten – ohne mich, da ich vom Büro aus die notwendige Logistik für den etwa zehnmonatigen Winter organisieren musste. Die Crew konnte eine Zeit lang überbrücken, aber dann musste ein anderer Überwinterer her. Den musste ich erst mal besorgen. Da wir das Schiff glücklicherweise noch bis zu der Siedlung Cambridge Bay hatten bringen können, war zumindest das Gespenst der Isolation und der Einsamkeit in einer eiskalten Umgebung entschärft. Die Menschen im Ort waren über alle Maßen hilfsbereit und freundlich. Dennoch: Bei –50 °C auf einem in bis zu 230 cm dickem Eis eingefrorenen Schiff bei polarer Nacht zu leben, ist eine Anforderung der besonderen Art.

Der erste Überwinterer, der samt Freundin anreiste und sich schon seit Jahren für eine derartige Aufgabe bei mir beworben hatte, reiste bereits nach drei Tagen wieder ab. Er könne das nicht, und überhaupt hätte er sich das alles anders vorgestellt. Alle Überredungskünste halfen nichts. Ich hatte ihm vertraut und dabei eine Schlappe erlitten. Auch das gibt es.

Der zweite Bewerber, Rainer Herzberg, hatte sich ebenfalls seit geraumer Zeit immer wieder angeboten, für eine Überwinterung zur Verfügung zu stehen. Ich kannte Rainer bis dato nur oberflächlich, hatte aber Erkundigungen eingezogen und ließ mich insgesamt von meinem Gespür lenken. Rainer war kurzfristig verfügbar, war begeisterungsfähig, gleichzeitig aber vorsichtig und sich der physischen wie besonders der mentalen Belastung durchaus bewusst. Er reiste an, übernahm das Schiff, das er bis dahin nur von Fotos und vom Film kannte, und war mit Hingabe und Begeisterung dabei. Er hat meiner Erwartung – und ich muss wohl auch sagen Hoffnung – in jeder Hinsicht entsprochen und zählt seither fest zum Team. Bei dem einen ging es gut, bei dem anderen nicht. Diese Risiko muss man bereit sein zu tragen. Letztendlich zahlt es sich aus.

Ich selbst vertraue anderen auch, die nicht mit mir auf Expedition gehen, die mir aber mit Rat und

Vertrauen schaffen – Vertrauen leben

Tat zur Seite stehen. Rolf Becker etwa, seines Zeichens Rechtsanwalt und Notar und mein enger Berater, mehr aber noch guter Freund. Seinem Rat folge ich so, wie ich anderen Experten in anderen Bereichen vertraue und bemüht bin, deren Vorschläge und Empfehlungen in der Umsetzung meiner Projekte zu berücksichtigen. Es ist eine Art Netzwerk, in das ich eingebunden bin. *Um dies zu nutzen ist es erforderlich, dass ich den Menschen, die mich umgeben, vertraue, dass ich flexibel bin und mir die Bereitschaft erhalte umzudenken, falls die Situation es erfordert.* Das gilt besonders für das Leben in der Natur, wie aber auch im beruflichen Alltag zu Hause. Partnerschaften und Freundschaften bilden den Unterbau für meine Projekte. Sie stellen für mich zugleich Motor und Verpflichtung dar.

- ◆ Eine Führungskraft bedarf neben der Fähigkeit, für ein Unternehmen wichtige Entscheidungen angemessen fällen zu können, auch jene, ein Team auszuwählen, es aufzubauen und so zu führen, dass es die Ressourcen für einen größtmöglichen Erfolg bilden kann, um gegebenenfalls über sich hinauszuwachsen.

- ◆ Führen bedeutet auch Delegieren; Delegieren wiederum ist mit Vertrauen gekoppelt.

- ◆ Sowohl im beruflichen wie auch im privaten Leben ist es sinnvoll, sich ein wirksames Netzwerk aufzubauen und es konsequent zu nutzen.

- ◆ Die Fähigkeiten anderer zu ignorieren oder nicht entsprechend einzusetzen, ist doppelt ungeschickt: Einerseits fühlt sich der Betroffene unterfordert, im schlimmsten Fall gar gekränkt, weil ihm nicht vertraut wird. Andererseits blockiert sich der Verantwortliche durch eine Vielzahl für ihn eigentlich unnötiger Arbeiten.

Von der Bereitschaft umzudenken und sich auf veränderte Situationen einzustellen

»Ein Mensch muss sich sofort ein neues Ziel setzen,
wenn sich das alte als unerreichbar erweist.«
(Sir Ernest Shackleton)

Von der Bereitschaft umzudenken

Im Jahre 1985 hatte ich zusammen mit meinem amerikanischen Freund Jeff Scott eine Expedition zum magnetischen Nordpol geplant. Der magnetische Pol – nicht zu verwechseln mit dem geografischen Pol, den ich einige Jahre später im Rahmen der Icewalk-Expedition erreichen sollte – liegt im hohen Norden der kanadischen Arktis. Gemessen am geografischen Nordpol ist er deutlich leichter zu erreichen, aber eben auch nur daran gemessen. Der magnetische Pol besteht aus einem elipsenförmigen, magnetischen Feld, das sich ständig verlagert. Es gibt daher keine strikte geografische Zuordnung, da er von Jahr zu Jahr und beinahe von Tag zu Tag wandert. Die jeweils aktuelle Positionsbestimmung beruht daher mehr auf einer wissenschaftlichen Berechnung als auf einer tatsächlichen geografischen Festlegung. Zur Zeit eines Roald Amundsen befand sich der Pol viele hundert Kilometer weiter südlich als im Jahre 1985. In der Zwischenzeit war er nach Norden gewandert und hatte sich irgendwo zwischen der Bathurst-Insel und der King Christian-Insel positioniert. Aber auch dort blieb er rastlos und wanderte seither in südöstlicher Richtung weiter.

Unter sportlichen Gesichtspunkten ist er daher ein eher problematisches Ziel, da die Zielortbestimmung nicht eindeutig ist. Die Fragen »bin ich nun eigentlich da oder noch nicht?« oder »wo ist denn nun der Mittelpunkt des Ziels?« hinterlassen einen etwas schalen Beigeschmack. Ein wenig irrt man herum ohne genau zu wissen, was man eigentlich sucht. Doch das soll bei dieser Betrachtung keine Rolle spielen.

Wir waren mit Kajaks in der Nähe der Siedlung Resolute Bay aufgebrochen und von dort entlang der Ostküste der Bathurst-Insel weiter Richtung Norden gepaddelt. Es war Sommer, aber das Meer war wie fast immer in diesen Breiten mit dichten Packeisfeldern bedeckt. Das Manövrieren mit den schwer beladenen Booten war schwierig, und das Eis machte weite Umwege

Auf dem Weg zum magnetischen Nordpol. Vorsichtig sucht sich Jeff Scott einen Weg durch das Eis.

Von der Bereitschaft umzudenken

Von der Bereitschaft umzudenken

Selbst als ich beim Ziehen meines Kajaks ins Eis einbreche, stellen wir den Sinn unserer Unternehmung nicht infrage. Wir haben uns weitestgehend an die unwirtliche Natur angepasst.

erforderlich. Wie in einem unüberschaubaren Irrgarten hangelten wir uns durch die Eisfelder, bauten abends unser Zelt neben den verfallenen Grundmauern alter Eskimobehausungen auf und gliederten uns so gut es ging in die polare Landschaft ein. Das Leben in der Arktis ist nicht immer hart und entbehrungsreich und zum Glück auch nicht immer gefährlich. Die martialischen Berichte über an-

geblich so »brutal harte« Touren im arktischen Umfeld dienen bisweilen nichts anderem, als den Akteur mit der Aura eines Helden zu umgeben. Das Maß aller Gefahren, die man auf einer solchen Expedition eingeht, bestimmt man zum großen Teil selbst: Wie bin ich vorbereitet, wie ausgerüstet? Was für Aufgaben habe ich mir gestellt? Wie viele Fehler begehe ich? Unsere Tour war, von gelegentlichen Attacken wütender Walrosse abgesehen, die in den Faltbooten offenbar Eindringlinge vermuteten, zumindest in der Anfangsphase recht beschaulich. Wir lebten nicht das Risiko, sondern die Harmonie mit einer atemberaubenden Landschaft, in die wir uns integrierten. Wir waren Teil des Ganzen geworden, genossen das einfache Leben, die Farben und die angenehme Müdigkeit und Erschöpfung, die sich nach einem langen und anstrengenden Paddeltag breit machten. Mich erfüllte ein tiefes Gefühl der Zufriedenheit.

Im Laufe weniger Tage entwickelten wir ein hohes Maß an Anpassung, eine Fähigkeit, die sich auf dieser Expedition als besonders notwendig erweisen sollte.

Je näher wir unserem Ziel kamen, desto dichter wurde das Eis und umso schlechter das Wetter. GPS-Navigationsgeräte – heute auf Expeditionen so selbstverständlich wie die Armbanduhr – gab es damals noch nicht. Der Kompass war in unmittelbarer Nähe des magnetischen Pols völlig unbrauchbar. Die Kompassnadel drehte sich mal hier-, mal dorthin und versuchte im übrigen immer Richtung Erdmittelpunkt abzuknicken. Die Inklination – so der Fachbegriff – ist am Pol theoretisch 90°. Die Navigation fand also ausschließlich nach Sicht und mittels Peilungen statt.

Bei dem um diese Jahreszeit häufig auftretenden Nebel waren wir dementsprechend häufig vollkommen orientierungslos. Aber weder sorgten wir uns darum, noch vermissten wir die heute gängigen Navigationshilfen, da es sie einfach noch nicht gab. Man kann nur das vermissen, was man kennt – GPS kannten wir nicht. So waren wir im Grunde genommen Nomaden inmitten der von Wind und Strömungen getriebenen Eisfelder.

Ich habe eine solche Anpassungsfähigkeit auf meinen Expeditionen immer gesucht. Wenn ich mir die Berichte einiger meiner reisenden Zeitgenossen ansehe, dann bekomme ich unwillkürlich das Gefühl, als seien der Berg oder die Natur die ausgemachten Feinde. Das Gelände lediglich ein schwieriger und lästiger Hindernisparcours, den es zu überwinden gilt. Von Anpassung ist meist nur im Zusammenhang mit »klimatischer« Anpassung die Rede. Mir geht das nicht weit genug! Ich will mich mit der Natur arrangieren, die heldenhaft verbrämten Eroberungsversuche sind meine Sache nicht.

Um dem Magnetpol so nahe wie eben möglich zu kommen, hatten wir uns vollends von den Inseln gelöst und drifteten nunmehr inmitten der Eisfelder in – wie wir vermuteten – südöstliche Richtung. Es war mittlerweile September geworden, in diesen Breiten bedeutet das den ziemlich abrupten Übergang vom schönen Wetter hin zu Stürmen und arktischer Kälte. Es wehte jetzt häufig mit Sturmstärke, die Sicht war stark gemindert und an den sturmfreien Tagen herrschte dichter Nebel. Wir waren vollends orientierungslos. Unser Zelt stand auf einer soliden Eisscholle, die umgedrehten Boote lagen daneben und wir konnten nichts anderes tun als abzuwarten. Wir waren Treibgut, einer übermächtigen Natur ausgeliefert, die mit uns machte, was sie wollte. Und dennoch verspürten wir keine Angst. Allzu neugierige Eisbären hielten wir mit gezielten Warnschüssen auf Distanz, und ich entsinne mich noch gut des Buches, das ich damals las. Es hatte den bezeichnenden Titel »Gefangen im Eis«, von dem Engländer Tristan Jones geschrieben, der selbst eine arktische Odyssee durchlebt hatte. So weit so gut – aber wie geht man mit der Orientierungslosigkeit um? Wie mit der Frage: »Wohin steuern wir eigentlich?« Das waren ja durchaus existenzielle Fragen.

Das Schlimmste, was wir in dieser Situation hätten tun können, wäre in wilden Aktionismus zu verfallen. Bei Sturm und Nebel das Zelt abzubauen, die Boote zu beladen und auf Kufen hinter sich herzuziehen, damit den relativ sicheren und schützenden Lagerplatz gegen eine unsichere, weil dünnere Eisscholle zu vertauschen, wäre nicht nur gefährlich gewesen, es hätte außer zusätzlichen Gefahren und physischen wie mentalen Verschleißerscheinungen rein gar nichts gebracht.

Als ich Jahre später mit Reinhold Messner die Antarktis durchquerte, gaben gerade solche Sturmtage, die uns zur Untätigkeit verurteilten, Anlass zu Konflikten. Ich ließ

Von der Bereitschaft umzudenken

Wir schlagen unser Lager auf einer Eisscholle auf und driften einem ungewissen Ziel entgegen.

den Sturm einfach geschehen und fügte mich ins Unvermeidliche. Meine Gelassenheit in solchen Situationen empfand Messner als Provokation. Während ich mich ausruhte, las oder schlief, zog er alle fünf Minuten den Reißverschluss des Zeltes auf und zu, nur um anschließend noch verdrießlicher zu sein als zuvor. Dem Sturm war das egal und geändert hat das an unserer Situation auch nichts. Es bringt nichts, sich über einen arktischen oder antarktischen Sturm zu ärgern! In der Gelassenheit und in der Ruhe und natürlich *in der konstanten Analyse der jeweiligen Situation liegt die Stärke. Die Kräfte zu sammeln, gelassen und sprungbereit zu sein für den Moment, wenn die Rahmenbedingungen wieder günstiger sind, ver-*

Von der Bereitschaft umzudenken

Ich versuche mein Boot vor der Weiterfahrt so gut es geht von Schnee und Eis zu befreien.

heißt weit größere Erfolgschancen – im Eis wie auch im täglichen, privaten und beruflichen Leben.
Jeff und ich verstanden uns hervorragend. Beide waren wir hellwach, aber gleichzeitig haderten wir nicht mit unserem Schicksal, obwohl die Drift auf der Eisscholle nun schon über zehn Tage dauerte. Wir waren Beobachter. Bei gelegentlichen Wetterbesserungen versuchten wir uns anhand der fernen Inseln am Horizont zu orientieren. Wenn unsere Eisscholle entzweibrach, siedelten wir mit unserer Ausrüstung auf eine neue und sichere um und warteten dann erneut ab. Um die Zeit zu überbrücken, zelebrierten wir die Zubereitung unserer spartanischen Gerichte, spielten Karten, lasen oder wanderten stundenlang um

unsere Eisscholle herum, die wir als unseren »Garten« bezeichneten. Wir fühlten uns vollkommen frei und ungebunden. Wir wussten, dass diese Drift irgendwann einmal ein Ende haben würde; spätestens dann, wenn das Eis jahreszeitlich bedingt zusammenfrieren würde, sodass wir trockenen Fußes wieder an Land gelangen könnten. So gesehen gab es keinen unmittelbaren zeitlichen Druck. Auf einen außen stehenden Betrachter hätte unsere Situation vielleicht wie eine mittlere Katastrophe gewirkt, wenigstens aber wie ein akuter Notfall ausgesehen. Für uns hingegen waren die Lebensumstände vielleicht nicht normal zu nennen, aber im Rahmen einer solchen Expedition doch zu erwarten gewesen. Wir machten uns keine großen Sorgen um uns, und um auch die Außenwelt in Sicherheit zu wiegen, teilten wir unserer Basis in Resolute Bay über ein kleines, tragbares Kurzwellenfunkgerät mit, dass bei uns alles okay war – und damit genug!

Selbst heute noch muss ich oft an diese Drift denken. Es hatte eigentlich weniger mit einer Reise im originären Sinne zu tun als vielmehr mit einer Lebenssituation. Wir drifteten nicht nur durchs Polarmeer, wir drifteten durchs Leben.

Vielleicht habe ich auch nie wieder ein so intensives Gefühl von Freiheit empfunden wie damals. Wir waren nur den Naturgesetzmäßigkeiten sowie den eigenen Spielregeln unterworfen. *Der Expeditionsalltag erfordert die bedingungslose Integration des Individuums.* Es ist ein schmaler Grat, der Erfolg und Misserfolg voneinander trennt.

Die Orientierungslosigkeit, das Driften mit einem ungewissen Zeitfaktor verliert für mich dann seine Schrecken, wenn ich mich mit der Situation als solcher aussöhne und gleichzeitig über deren Grenzen hinaus denke. Wir wussten ja, dass diese Situation nicht ewig währen durfte. Unsere Vorräte wären irgendwann zu Ende gegangen. Aber gleichzeitig war uns auch bewusst, dass unweigerlich Veränderungen in unserem Umfeld eintreten würden. Anstatt sorgenvoll und verdrießlich auf den Moment zu blicken, richteten wir unseren Blick nach vorn. Wir

Von der Bereitschaft umzudenken

schmiedeten Pläne, arbeiteten Strategien aus, entwickelten Ziele. Die momentane Orientierungslosigkeit gab uns Zeit zum Nachdenken, zur Analyse, zum Bewerten. Gefahrensituationen wie das Auseinanderbrechen der Eisschollen im schweren Sturm oder der Beinahe-Verlust unseres Zeltes waren akute Momente, die wir meisterten, weil wir hellwach waren.

Als sich schließlich nach drei Wochen auf dem Eis eine Chance bot, aus unserem eisigen Gefängnis auszubrechen, waren wir bereit. Objektiv gesehen war der Marsch von den Eisfeldern hin zum Festland extrem gefährlich. Wir fühlten uns aber absolut sicher dabei, weil wir mit der Materie durch und durch vertraut waren. Es war ein unbändiger Optimismus, der uns antrieb. Wir trugen Trockenanzüge, daher störte es uns nicht, wenn wir beim Queren von einer Eisscholle zur anderen ins eiskalte Wasser stürzten. Wir schwammen, wir zogen die Boote hinter uns durch den Eisbrei, wir paddelten über offene Wasserrinnen und wuchteten gemeinsam Boot für Boot über hoch aufge-

türmte Presseisrücken. Es war kalt und anstrengend und schonungslos uns selbst gegenüber – aber wir wussten, dass das, was wir machten, das einzig Richtige war. Als wir schließlich die unbewohnte und karge Insel Crescent erreichten, waren wir ausgepowert und physisch völlig fertig. Der Blick zurück über die zerklüfteten und treibenden Eisfelder, über die wir gerade gekommen waren, ließ uns selbst innehalten und staunen darüber, dass das möglich gewesen war. Wir waren ursprünglich zu einer Kajak-Expedition gestartet, die Eisdrift war zu keinem Zeitpunkt Bestandteil unserer Planung gewesen. Aber wir waren so flexibel, dass uns eine veränderte Situation nicht aus der Bahn geworfen hat – im Gegenteil! Einmal vom Erlebniswert abgesehen, hat mir diese Situation gezeigt, wie wichtig es ist, sich seine geistige Mobilität zu bewahren. Jammern und Lamentieren führt unweigerlich in eine Sackgasse. *Es ist die Vision einer Lösung, die einen auch in einer schier ausweglosen Situation Mut und Entschlossenheit finden lässt.* Visionäre, bisweilen ein wenig be-

spöttelt, sind es schließlich, die auch im Wirtschaftsleben neue Perspektiven entwickeln, weil sie ideenreich sind, Optimismus ausstrahlen und damit andere Menschen infizieren. *Eine Führungskraft ohne Visionen hinterlässt ein Team ohne Perspektiven.*
Nach insgesamt zwei Monaten Expeditionsdauer erreichten wir den vorher vereinbarten Abholpunkt, an dem es eine provisorische Landepiste gab, wo eine zweimotorige Twin Otter landen konnte. Einen Tag später kam die Maschine, kreiste einige Male und setzte dann auf der Geröllpiste entschlossen auf. Als wir unsere völlig vereisten Boote in das mit laufenden Motoren wartende Flugzeug gehievt hatten, blickten wir uns noch einmal um, bevor wir selbst einstiegen. Es herrschte Dauerfrost, und die Landschaft war grau und kalt und von einer dünnen Schneedecke überzogen. Sie wirkte plötzlich abweisend und fremd – wohl weil wir uns innerlich von ihr bereits getrennt hatten. Das Eis war entrückt und lag hinter uns. Wieder einmal zeigte sich der alte Spruch:
Der Blick sollte sich immer nach vorn richten!

◆ **Fatalismus ist ebenso falsch wie sinnloser Aktionismus!**

◆ **Eine der wichtigsten Grundlagen für jede Unternehmung ist die Erkenntnis, nicht gegen das Unvermeidliche anzukämpfen, sondern es geschehen zu lassen, abzuwarten, es zu analysieren, und schließlich zum geeigneten Zeitpunkt mental und kräftemäßig voll einsatzbereit zu sein.**

◆ **Gerade in unvermeidlichen Situationen sind es die Visionen einer Lösung, die einen Mut und Entschlossenheit finden lassen.**

◆ **Eine Führungskraft ohne Visionen hinterlässt ein Team ohne Perspektiven.**

Wenn es scheinbar keinen Ausweg mehr gibt

»Die Loyalität deiner Männer ist ein heiliges Vertrauen, das dir aufgetragen ist. Du darfst es niemals verraten und musst dich seiner stets würdig erweisen.«
(Sir Ernest Shackleton)

Wenn es scheinbar keinen Ausweg mehr gibt

Das Gefühl in eine Sackgasse geraten zu sein, aus der es kein Entrinnen zu geben scheint, zählt zu den wahrlich schlimmen Erlebnissen im Leben. Das Gefühl sich »festgefahren« zu haben, ohne Perspektive und Hoffnung auf eine Verbesserung der Lage, führt leicht zu Mutlosigkeit und Niedergeschlagenheit.
Irgendwann gerät wohl jeder Mensch in eine solche Situation.
Dieser Zustand ist je nach Tragweite mit Verzweiflung, Trauer, Wut oder Enttäuschung verbunden. Der Betroffene leidet. Meistens ist es schließlich der Faktor Zeit, der in solchen Situationen für einen arbeitet. Das Leben geht eben weiter, Eindrücke schwächen sich ab, man wird neu gefordert, muss sich konzentrieren und so langsam vernarben die Erinnerungen.
Aber dann gibt es auch die ganz existenziellen Sorgen, nämlich die, dass die besagte Sackgasse zugleich auch das Ende der irdischen Existenz bedeutet. Das ist die am tiefsten gehende Form der Angst, die sich spontan und situationsabhängig einstellt.

In eine solche Situation gerieten wir 1994.
Ich sprach bereits von jenen Ängsten, die man überwindet, um sein Ziel zu erreichen. Etwa bei der Kap Hoorn-Umrundung, wo die Angst vor der eigenen Courage einen vor unbedachten Taten schützen soll. Wir mussten ja nicht ins Kajak steigen, um Kap Hoorn zu umrunden. Kein Mensch hat das von uns verlangt – im Gegenteil! Hätten wir es nicht getan, wäre die Welt keine andere geworden – weiß Gott nicht! Die Angst war in diesem Fall ein Regulativ, eine Schutzfunktion des Körpers, um Gefahren fern zu halten. Dass wir es dennoch getan haben, zeugte davon, dass wir im festen Glauben waren, die Situation meistern zu können – trotz aller Zweifel. Eine Gratwanderung – gewiss –, aber mit einer fairen Chance, erfolgreich zu sein.
Ich kann verstehen, wenn Menschen die Nase rümpfen und argumentieren »wer sich in Gefahr begibt, kommt darin um«. Aber solange ich keinen anderen Menschen benachteilige oder gefährde, kann ich letztlich tun und lassen, was ich will. Und wenn ich nicht

bereit bin etwas zu wagen, dann werde ich auch niemals erfahren, was das Leben an Möglichkeiten für mich parat hält.
Wer nach dem Warum fragt, wird es nie verstehen!
Das Leben ist ein Wagnis; mögen andere beschaulich auf dem Sofa sitzen und die Zeit an sich vorbeistreichen lassen. Das Ausloten der eigenen Möglichkeiten gehört für mich untrennbar zum aktiven Leben dazu.
Doch zurück zur Sackgasse. Die bange Frage, die sich daraus resultierend stellt: »Und wie geht es jetzt weiter? Geht es überhaupt weiter?«
Es kommt einem Gefühl des Ausgesetztseins gleich, wenn sich alle Augen auf einen richten und erwartungsvoll auf einen Lösungsvorschlag warten, den man selbst nicht kennt.
»Führung ist eine feine Sache, aber sie hat auch ihre Schattenseiten. Und die schlimmste ist die Einsamkeit.« Kein anderer als Shackleton hat dies gesagt. Im Moment der akuten Gefahr, unter Zeitdruck sowie unter dem Einfluss von körperlicher Erschöpfung und heimlicher Sorge einen klaren Kopf zu bewahren und Optimismus zu verströmen, ist alles andere als leicht. Shackleton sagt weiter: *»Man muss vor ihnen oft nicht nur die Wahrheit verbergen, sondern auch, wie man selbst diese Wahrheit sieht. Man mag zwar wissen, dass alle Faktoren gegen einen sprechen, aber das darf man nicht sagen.«*
Es ist dieser Umstand, der einen Teamleiter bisweilen zu dem einsamsten Menschen macht. Ganz gleich ob auf Expeditionen oder in einem Unternehmen. In solchen Extremsituationen zeigt es sich, ob jemand seiner Rolle gewachsen ist oder nicht.
1994 starteten wir einen erneuten Versuch, die Nordostpassage in der russischen Arktis mit unserem Segelschiff DAGMAR AAEN zu durchfahren und gerieten unvermittelt in eine solche Situation.
Die Jahreszeit war eigentlich für den Versuch einer Durchfahrt zu weit vorangeschritten. Das Gezerre mit russischen Behörden, mit korrupten Hafenkapitänen und fehlerhaften Eisinformationen hatten unseren Start an der Beringstraße unnötig verzögert. Irgendwann durften wir endlich auslaufen. Wir

Wenn es scheinbar keinen Ausweg mehr gibt

Mit Einbruch der Dunkelheit setzen die Eispressungen ein und der Sturm nimmt an Heftigkeit zu. Slava Melin schaut sorgenvoll auf die heranrückenden Eisschollen.

wären besser umgekehrt, aber das konnten wir nicht wissen.

Die sibirische Nordmeerküste ist nach Norden hin völlig exponiert und ohne Häfen, die vor dem Polareis Schutz geben könnten. Während der Sommermonate zieht sich das Packeis in der Regel ein kleines Stück von der Küste zurück und eröffnet damit eine Passage für die Schifffahrt. Dieser Streifen offenen Wassers ist unterschiedlich breit, und je nach Windrichtung schwappt das Eis selbst im Sommer zurück bis an die Küste. Die Distanzen sind groß, das Risiko vom Eis eingeschlossen zu werden ist allgegenwärtig. Deshalb taktiert man genau: »Wie weit darf ich an das Eis heranfahren, darf ich den nächsten Küstenabschnitt befahren oder schneidet mir das Eis den Rückzug ab? Wie wird das Wetter? Wie ist die Drift des Eises usw.?«

Zu allem Erfolg gehört immer auch ein Quäntchen Glück. Das Glück des Tüchtigen, wie es im Volksmund heißt, ist am Erfolg oder Misserfolg stets ein wenig beteiligt. Es ist nicht alles immer nur dem eigenen Können oder Unvermögen zuzuschreiben ... damals ließ uns das Glück im Stich.

Wir befanden uns im Bereich der wegen seiner Eisverhältnisse berüchtigten De Long Straße, als das Wetter plötzlich umschlug. Chris Nelson, unser australisches Crewmitglied, kam gerade noch rechtzeitig von einem Erkundungsflug mit unserem Ultraleichtflugzeug zurück, den er vorsorglich unternommen hatte, um die Eislage zu erkunden. Der Blick aus der Vogelperspektive brachte uns die traurige Gewissheit, dass das gesamte polare Eis mit Südkurs auf die Küste und damit auf unsere Position zudriftete. Wenig später brach zudem ein Sturm aus Norden los, der unser Schicksal zu besiegeln schien. Der »worst case«, das, was jeder zu vermeiden hoffte, war eingetreten.

Als die ersten schweren, durch viele Jahre im Polarmeer ausgehärteten und meterdicken Eisschollen auf den Rumpf unseres Schiffes prallten, nahm mich der russische Eislotse Anatoly beiseite. Für alle Schiffe, die die Nordostpassage durchfahren wollen, besteht Lotsenpflicht. Unser Mann war Anatoly. Ein sehr erfahrener Mann, der auf russischen Eisbrechern als Kapitän gefahren war, sich jetzt im Ruhestand befand und gelegentlich als Lotse arbeitete.

»Five minutes, no more!«, sagte er mit finsterer Miene, indem er mir den ausgestreckten Zeigefinger unter die Nase hielt und grimmig dreinblickte. Anatoly brachte damit unmissverständlich zum Ausdruck, dass er dem Schiff in Anbetracht der Eismenge, die in rascher Folge von Norden heranzog, allenfalls diese kurze Zeitspanne einräumte. Ich empfand diese Äußerung nicht als sonderlich hilfreich, ließ mir dies aber nicht anmerken. Stattdessen antwortete ich fast trotzig und so laut, dass jeder an Deck es hören konnte: »She has done it before, she will do it again!« Gemeint war natürlich die DAGMAR AAEN. Insgeheim war ich keineswegs so überzeugt, wie ich nach außen tat. Außer Anatoly, Slava und mir hatte jedoch keiner an

Bord bisher die Auswirkungen schwerer Eispressungen erlebt. Die Crew würde das noch früh genug mitbekommen, es bestand daher keinerlei Veranlassung, sie schon zu diesem Zeitpunkt zu verunsichern.

Eispressungen können sich zu einem Furcht erregenden Szenario entwickeln. Eisschollen von der Größe ganzer Fußballfelder prallen aufeinander, fressen sich an den Rändern gegenseitig auf, bersten, schieben sich übereinander und türmen sich zu fünf Meter hohen Verbauungen hoch. Das Eis von Norden drängt immer weiter nach. Wenn es schließlich auf die Küste aufgelaufen ist, kann es nicht mehr weiter ausweichen und dann wird der Druck des nachrückenden Eises katastrophal.

Über Funk erfuhren wir, dass der russische Eisbrecher MURMANSK, der etwa 16 Seemeilen seewärts von uns stand und demzufolge schon früher in die Pressungen geriet, Leck geschlagen war. Einer der Maschinenräume war acht Meter hoch voll Wasser gelaufen. Wenn selbst ein Eisbrecher in Schwierigkeiten geriet – was für

Chancen hatten wir? Verzweifelt versuchten wir, die DAGMAR AAEN in Bewegung zu halten und versteckten uns schließlich in der Ausbuchtung einer soliden Eisscholle. Wir hegten die Hoffnung, durch diesen kleinen Naturhafen Schutz vor dem restlichen Eis zu finden. Einige Stunden ging das gut, dann zerbarst unsere Scholle und wir waren mittendrin in einem Mahlstrom aus tonnenschweren Eisblöcken, die es allesamt darauf abgesehen zu haben schienen, uns zu versenken.

Ein Schiff zu verlieren ist für einen Seemann schlimm. Selbst wenn er samt seiner Mannschaft überlebt, geht es um mehr als um den materiellen Verlust. Nach dem seemännischen Verständnis eines Joseph Conrad ist das Schiff, auf dem der Seemann fährt, weit mehr als nur ein Vehikel. Schiff und Seefahrer gehen eine Art Symbiose, eine Zweckgemeinschaft ein. Es ist Teil seiner Identität. Er fühlt sich verantwortlich für das Schiff, denn von seinem Wohlergehen hängt letztlich auch das eigene ab. Der gemeinsame Gegner ist die See – oder wie in unserem Falle das Eis.

Für uns hätte der Verlust des Schiffes akute Lebensgefahr bedeutet. Durch den enormen Druck des Eises waren die Eisschollen in kleinere, wenngleich immer noch tonnenschwere Brocken auseinander gebrochen, die sich jetzt hin- und herwälzten und sich um die eigene Achse drehten. Ich bin schon viel und weite Strecken über zerborstenes Polareis gelaufen; diese hier erschien mir bei nüchterner Betrachtung unpassierbar. Doch diese Einschätzung behielt ich für mich, teilte keinem meine wahren Gedanken mit, sondern versuchte die Situation herunterzuspielen, indem ich erklärte, dass wir im äußersten Notfall immer noch aufs Eis gehen könnten.

Derweil setzte das Eis seine Zerstörungsbemühungen fort. Uns schien es wirklich, als hätten wir es mit einem lebendigen Feind zu tun. Ein Drittel des Ruderblatts wurde abgerissen, die Eishaut – aus einer speziellen Aluminiumlegierung gefertigt – wurde vom eichernen Rumpf wie die Haut einer Orange abgeschält, die Rudermechanik zerstört, schließlich eine Planke eingedrückt: Es hörte ein-

Unerbittlich nimmt das Eis die DAGMAR AAEN in die Zange. Der Rumpf wird nach oben gedrückt und entgeht damit der zerstörerischen Gewalt. Trotzdem gibt es zahlreiche Schäden.

fach nicht auf. Die Drift des Eises entsprach keiner homogenen Fließbewegung; es gab vielmehr unregelmäßige und gegenläufige Strömungen. Wirbel, die sich drehten, Eisschollen, die von der Oberfläche verschwanden um andernorts wieder aufzutauchen.

Zum Glück tat das Schiff genau das, was ich immer erhofft hatte und was einer der Gründe war, weshalb ich mich viele Jahre zuvor für genau diesen Schiffstyp entschieden hatte und weshalb ich entsprechende konstruktive Umbaumaßnahmen ergriffen hatte: Es ließ

Wenn es scheinbar keinen Ausweg mehr gibt

Unter Segeln und Maschine versuchen wir uns zu befreien.

sich nämlich durch den zunehmenden Eisdruck aus dem Wasser beziehungsweise dem Eis heben. Wie ein Korken ritt die DAGMAR AAEN auf den Eisverwerfungen, machte unvermittelt Fahrt über den Achtersteven, kippte von 30° Backbord abrupt auf 30° Steuerbord, schob sich wieder nach vorn und machte dabei Geräusche, dass uns Hören und Sehen verging. Aber sie entging auf diese Art und Weise dem zerstörerischen Druck. Slava löschte zur Sicherheit die Feuer in den Öfen und ich gab die Order Survivalanzüge anzuziehen, Notproviant bereit zu stellen und die Kanister mit Karten, GPS,

Funkgeräten et cetera an Deck zu positionieren. Das alles geschah ohne Hektik und Geschreie, sondern mit großer Ruhe. Funkkontakt gab es lediglich von Zeit zu Zeit mit dem Eisbrecher, der aber selbst vollauf mit sich und seinem Schaden beschäftigt war. Ansonsten waren wir wie abgeschnitten von der Außenwelt. Während dieser Stunden spürte ich, wie mich die Crew beobachtete. Ich war angespannt und versuchte das auch gar nicht zu verbergen, aber: Ich blieb ruhig! Auch wenn wir uns in einer Sackgasse befanden, suchte ich nach Auswegen. Ich schickte Leute in den Ausguck, ließ sie mit Kettensägen allzu spitze Eisnasen absägen, versuchte mit Maschinenhilfe das Schiff günstiger zu positionieren und gewährte meinem Team gleichzeitig Ruhe, wenn jemand zu erschöpft war. Allein der Anblick solcher Eispressungen, des Sturms und des grauen und wolkenverhangenen Himmels wäre geeignet gewesen, den Mutigsten zur Verzweiflung zu treiben. Die Situation musste schließlich auch mental von jedem Beteiligten verarbeitet werden.

Als aus den von Anatoly prognostizierten »fünf Minuten« mittlerweile Stunden geworden waren und das Schiff – wenn auch beschädigt – immer noch standhielt, verinnerlichte die Mannschaft mein trotziges »she will do it« und ging dazu über, ganz »normal« den Borddienst zu versehen. Ich hingegen gestatte mir als Selbstschutz und um glaubwürdiger gegenüber der Crew zu wirken einfach nicht diese »Sackgassensituation« einzugestehen.

»Du schaffst es, du gibst nicht auf!« – Ich weiß gar nicht, wem ich damit Mut zusprechen wollte: Dem Schiff oder mir selbst. Ich war streckenweise nicht sehr optimistisch, versuchte aber immer wieder das Gefühl nach draußen zu vermitteln, dass, wenn wir nur entschlossen genug und richtig reagieren würden, wir auch diese Situation meistern würden. *Der Teamleiter muss Zuversicht vorleben, auch wenn ihm nicht danach ist.* Die Lage war mehr als ernst, das sah jeder an Bord. Sie zu bagatellisieren hätte nur Zweifel geschürt.

Wir überstanden die erste Nacht, und im Verlauf des Morgens gelang es uns, das Schiff über einer Untiefe zu positionieren, die so flach war, dass das Schiff zwar noch schwamm, das schwere Eis aufgrund seines größeren Tiefganges jedoch nicht dorthin gelangen konnte. Wir waren vorerst in relativer Sicherheit. Ich ließ alle schlafen, übernahm selbst die Wache und blieb trotz Erschöpfung und Müdigkeit an Deck.

Auch in den folgenden Tagen gerieten wir immer wieder in vergleichbar bedrohliche Situationen. Es ging längst nicht mehr darum, das Expeditionsziel zu verfolgen, es ging lediglich darum, das Schiff und unsere Haut zu retten. Über eine Woche dauerte diese Unsicherheit, die ständige Sorge, doch noch vom Eis überrollt zu werden. Dann erst war es überstanden. Wir erreichten offenes Wasser und konnten mit dem angeschlagen Schiff den Rückzug antreten.

Interessant ist, wie die Mannschaft reagierte, als alles überstanden war. Jeder war erschöpft und zählte diese Tage zu den schlimmsten seines Lebens. Dennoch gab es anschließend keinen, der gesagt hätte: »Einmal und nie wieder!«

Alle zusammen hatten etwas geschafft, was anfangs aussichtslos erschienen war. Das macht einen zwar nachdenklich, aber zugleich auch stolz und selbstbewusst, ohne dabei überheblich zu werden.
Es gab auch keine Schuldzuweisungen oder Profilierungsversuche. Wir besprachen und analysierten die Situation: Wir hatten als Team zusammengestanden und -gearbeitet, wobei jeder die ihm zugedachte Rolle perfekt ausgefüllt hatte und zudem über sich selbst hinausgewachsen war. Nicht der Einzelne hatte die Gefahr gemeistert – *wir* hatten es getan! Diese Einstellung charakterisiert die eigentlichen Werte eines guten Teams.
Als Teamleiter, der gerade in Krisensituationen und Gefahrenmomenten isoliert und auf eine besondere Art und Weise einsam dasteht, habe ich das Team zugleich als einen Quell an Motivation für mich empfunden.
Die Verantwortung, die ich übernommen habe, nimmt mich in die Pflicht.
Das Vertrauen, dass das Team von Anfang an in mich gesetzt hat, ehrt mich, fordert mir aber zugleich auch alle meine Reserven ab. Ich muss bedingungslosen Einsatz zeigen. Nur wenn das deutlich wird und wenn zwischen »Schein« und »Sein« keine Diskrepanz herrscht, wird das Team auch über sich selbst hinauswachsen. Und das ist es letztlich, was der Teamgedanke bedeutet: Effektivität ist erforderlich und zwar gerade dann, wenn schwierige Zeiten durchlebt werden. Bei Sonnenschein und günstigen Rahmenbedingungen über die Ostsee zu segeln und anschließend beim Sundowner an Deck zu sitzen und sich darüber zu freuen, wie harmonisch man zusammengearbeitet hat, sagt wenig über die Qualität eines Teams aus. Es ist ja alles glatt gegangen. Erst unter Anspannung, Stress und in gefahrvollen Momenten zeigt sich die wahre Identität der Mannschaft.
Dem Teamleiter obliegt die Aufgabe, seine Mannschaft auf die bevorstehende Aufgabe vorzubereiten und sie zu konditionieren, unter anderem, damit er auch in Extremsituationen den erforderlichen Rückhalt für sich selbst findet. *Das, was er im Vorfeld in sein Team investiert, erhält er um ein*

Wenn es scheinbar keinen Ausweg mehr gibt

Vielfaches zurück. Wer meint, alles selbst regeln und bewältigen zu können, ohne die Mannschaft einzubinden, und dabei das Team letztlich lediglich als Handlanger versteht, wird in kritischen Situationen weder Rückhalt finden noch Glaubwürdigkeit ausstrahlen. Er ist und bleibt der ewig einsame Steppenwolf.

♦ In den meisten scheinbar ausweglosen Situationen hilft der Faktor Zeit.

♦ Besonders unter solchen Umständen richten sich alle Augen auf die Führungskraft.

♦ Bei aller Offenheit und allem Kommunikationswillen ist es jedoch wenig sinnvoll, jegliche Bedenken in einer schwierigen Lage offen zu besprechen. Man mag zwar wissen, dass alle Faktoren gegen einen sprechen, dies aber sollte man nicht unbedingt zeigen.

♦ Ein Teamleiter muss Zuversicht vorleben, auch wenn ihm nicht danach ist.

♦ Wer meint, alles selbst regeln und bewältigen zu können, ohne die Mannschaft einzubinden, versteht das Team lediglich als Handlanger und wird in kritischen Situationen weder Rückhalt finden noch Glaubwürdigkeit ausstrahlen.

♦ Gerade in schwierigen Situationen ist das Team eine Quelle der Motivation.

♦ Das, was ein Teamleiter im Vorfeld in seine Crew investiert, erhält er um ein Vielfaches zurück.

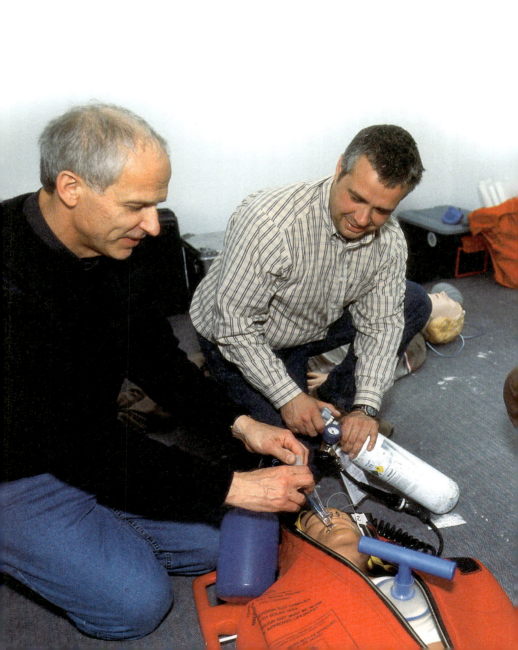

Motive – Sorgen – Erwartungen

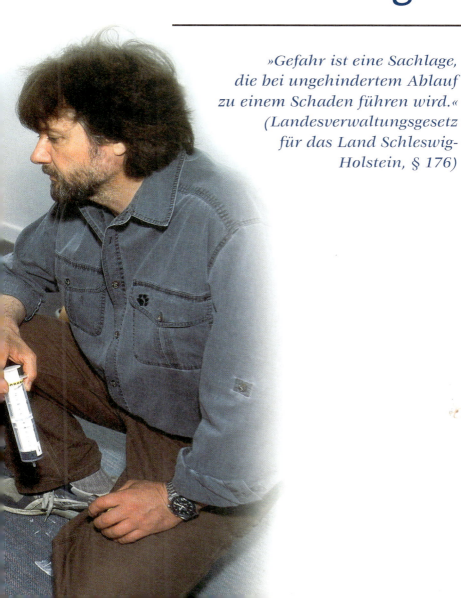

»Gefahr ist eine Sachlage, die bei ungehindertem Ablauf zu einem Schaden führen wird.« (Landesverwaltungsgesetz für das Land Schleswig-Holstein, § 176)

Motive – Sorgen – Erwartungen

Jedes Team muss auf bevorstehende Aufgaben vorbereitet werden. Dazu gehören neben vielen anderen Dingen gelegentliche Zusammentreffen, bei denen der aktuelle Stand der Vorbereitung vermittelt wird. Vor meinen Expeditionen werden Strategien und Verfahrensweisen diskutiert, Erste-Hilfe-Seminare abgehalten, Aufgaben verteilt oder Schwerpunktthemen behandelt.

Während eines solchen Vorbereitungsseminars hat einer der Crewmitglieder, Wolfgang Reetz, einen Fragebogen herumgereicht, den jeder der Anwesenden ausfüllen sollte. Wolfgang arbeitet als Personaltrainer, ist entsprechend geschult und geübt mit solchen Situationen. Überschrieben war der Fragebogen mit dem Titel: *Motive – Sorgen – Erwartungen*.

Warum lässt sich ein Mensch auf eine Expedition – oder um es weiter zu fassen – auf außergewöhnliche Aufgaben ein?

Interessant war zunächst die Zusammensetzung der befragten Gruppe: Es waren fast alles Crewmitglieder, die schon mindestens einmal an einer Expedition teilgenommen hatten. Es ging hier also nicht um idealisierte oder verträumte Vorstellungen des Einzelnen, sondern um reale Gedankengänge von Menschen, die wussten, auf was sie sich einlassen. Diese Leute wussten, was sie auf der neuen Reise erwarten würde. Sie kannten die Enge und die Probleme, die Gefahren. Trotzdem wollten sie sich erneut der Herausforderung stellen.

Ich war, um ehrlich zu sein, skeptisch. Was sollte uns diese Befragung bringen? Das waren doch alles »alte Hasen«. Würden die über eine solche Befragung nicht lächeln, sie als überflüssig und nervig empfinden? Es gab schließlich viele wichtige Dinge zu besprechen, und so häufig sahen wir uns nicht in dieser großen Runde. Die Zeit war begrenzt. Trotzdem willigte ich ein und wurde sozusagen im Schnellverfahren belehrt, wie wichtig es ist, vermeintlich profane und offenkundige Themen anzusprechen. Durch diese Befragung erhielten wir sozusagen ein Profil der Expeditionsmannschaft.

Die Bögen wurden anschließend gemeinsam ausgewertet und die

Ergebnisse entsprechend der Häufigkeit in eine Rangfolge gebracht, beziehungsweise die Kernsätze formuliert. Die folgenden Antworten lassen erahnen, dass es bei allen um mehr als pure Abenteuerlust geht.

Im Grunde genommen sind es genau die Dinge, die uns auch im »normalen« Leben wichtig sind. Der Expeditionsreisende ist nicht der Exot und Außenseiter, als der er immer hingestellt wird. Zumindest sieht er sich selbst nicht so. Er lässt sich nur leichter auf ungewöhnliche Situationen ein, hinterfragt Dinge und macht sie dadurch transparenter.

Die erste Rubrik des Fragebogens war überschrieben mit der Frage *»Warum ich teilnehmen möchte«*. Die Antworten lauteten wie folgt:
- Eindrücke und Erlebnisse gemeinsam erleben
- Spaß am Segeln
- Lebenserfahrung in nicht alltäglichen Situationen
- Neue Erfahrungen sammeln
- Reisen, wo man sonst nicht hinkommt
- Teamerlebnis
- Naturerlebnis Polarexpedition
- Selbsterfahrung
- Horizonte

Allen gemein war – auf einen Nenner gebracht – der Wunsch nach Erlebnissen und Erfahrungen auf unterschiedlichen Ebenen. Es ist in gewisser Weise die Neugierde, die einen Menschen antreibt, etwas Ungewöhnliches zu versuchen. Er probiert aus, fordert sich, stellt sich Aufgaben und ist bereit, dafür harten Einsatz, Gefahren und bisweilen sogar Leid zu ertragen. Und zwar nicht, weil er ein ausgemachter Masochist wäre, sondern

Das Team wird von Dr. Baumeier auf den medizinischen Notfall vorbereitet. Derartige Seminare gehören stets zur Expeditionsvorbereitung dazu.

Motive – Sorgen – Erwartungen

Mit Lifebelt gesichert steht die Wache an Deck der DAGMAR AAEN. Im Umgang mit derartigen Situationen ist letztlich jeder allein.

weil ihm die Erkenntnisse aus dieser Mühsal allemal den Einsatz lohnenswert erscheinen lassen.
Und es ist bei den Befragten ganz sicher auch nicht der Wunsch nach Ruhm und Öffentlichkeit. Das könnte man bestenfalls mir unterstellen, da ich derjenige aus dem Team bin, der in den Medien präsent ist. Alle anderen ziehen sich eher zurück, bisweilen habe ich sogar Mühe, sie aus der Reserve zu locken, um etwa ein Statement vor laufender Kamera von einem zu bekommen. Sie sind zwar in der Regel weder scheu noch einsilbig – ganz im Gegenteil –, doch es ist ihnen einfach nicht wichtig! Gleichwohl sind sie stolz auf ihre Leistungen und sprechen im Freundeskreis auch gern darüber. Der zweite Fragenkomplex lautete »*Davor sorge ich mich*«.
Es ging also letztlich um Ängste,

Motive – Sorgen – Erwartungen

etwas, worüber Menschen oftmals ungern öffentlich sprechen. Hat ein Expeditionsreisender andere Ängste als ein »Normalbürger«? Ich war überrascht, dass das Thema »Gefahr« auf den ersten Blick bei den Antworten keine Rolle zu spielen schien. Jeder wusste zwar, dass stets ein Gefahrenmoment mit einer Expedition einhergeht, aber offenbar fühlte sich jeder doch so sicher und geborgen, dass ihm andere Sorgen viel wichtiger schienen. Aber wenn man einmal die Antworten genau betrachtet, dann wird deutlich, dass jeder einzelne Punkt für sich durchaus auch die Sicherheit betraf. Gefahr manifestiert sich meistens nicht durch unglückliche Umstände, sondern ist häufig eine Folge einer bestimmten Konstellation von Umständen. Funktioniert das Team nämlich nicht gut oder fühlt man sich selber schlecht, leidet alles andere darunter, letztlich auch die Sicherheit. Darum ging es!

Dadurch wurde für mich deutlich, wie wenig unser Team sich im Grunde genommen von unseren Mitmenschen unterscheidet.

Die Antworten lauteten:

- Miteinander auskommen
- Misserfolge während der Expedition
- Durchführbarkeit
- Unsicherheit über die eigene Reaktion in Ausnahmesituationen
- Einschränkung der persönlichen Bewegungsfreiheit
- Eigene und fremde Erwartungen nicht zu erfüllen
- Persönliche Konsequenzen
- Mangelnde Hygiene
- Nichterreichen des Expeditionsziels
- Stress im Team/unlösbare Probleme

Diese Rubrik kann man mit Ausnahme des Hygieneproblems wohl eins zu eins auf den Unternehmensalltag übertragen.

Das Risiko, das mit derartigen Projekten einhergeht, wurde demnach als eine feste Konstante akzeptiert und für vertretbar gehalten. Keiner gibt sich der Illusion hin, dass das Erlebnis zum Risiko-Nulltarif zu bekommen ist. Offenbar fühlt sich die Crew aber weitgehend sicher und gut aufgehoben. Das ist ganz wichtig! Eine verunsicherte Crew fühlt sich unbehaglich, was wie-

derum auf die Stimmung und die Verfügbarkeit des Einzelnen drückt und damit auch natürlich die Effektivität des Teams beeinträchtigt.
Menschen, die ständig mit sich selbst und ihren Ängsten beschäftigt sind, brauchen einen großen Teil ihrer Energie, um mit eben diesen Ängsten klarzukommen.
Gleichwohl machen die Antworten deutlich, dass hier keine Träumer ans Werk gehen. Sie wissen um die Probleme, die auftreten – nicht zuletzt aus früheren Erfahrungen – und nehmen sie in kauf. Sie sind Realisten mit einem Hang zum Träumen.
Eine weiterer Themenkomplex lautete *»Teamkommunikation – das ist mir wichtig!«* Die Antworten dazu fielen wie folgt aus:
- Austausch von Wissen, Erfahrung, Können
- Ehrlichkeit
- Toleranz und Offenheit
- Probleme werden sofort und offen angesprochen
- Informationen über Ziele und Schritte an alle
- Klare Führungsstrukturen
- Aktive Offenheit
- Aufrichtigkeit
- Direkte und rücksichtsvolle Kommunikation
- Keine Diskussion, nur um zu reden

Deutlich wird hier, welchen Stellenwert das Thema »Kommunikation« für die beteiligten Menschen hat. Das, was im Unternehmensalltag als »Mobbing« gefürchtet ist, macht auch in einigen Fällen vor einer Expedition nicht Halt und kann dort für den Betroffenen unerträglich werden, da er ja überhaupt keine Möglichkeit hat, sich zurückzuziehen. Er ist immer exponiert und damit auch angreifbar. Die Qualität des Umgangs miteinander ist für alle immens wichtig, nicht nur auf einer Expedition; dieser Umstand darf nicht vernachlässigt werden.
Und letztlich die Motivation. Als Schüler hatte ich meistens mäßige oder schlechte Noten in Geografie. Ich habe nicht genug dafür getan. Der Fehler lag ganz bei mir. Aber lag das wirklich *nur* an mir? Erdkunde – was für mich zur zentralen Bedeutung meines Lebens geworden ist und mich natürlich auch schon als Kind fasziniert hat – ein »No interest«-Fach? Es

Motive – Sorgen – Erwartungen

liegt mit fern, eine späte Schuldzuweisung zu treffen, aber aus meiner heutigen Sicht muss ich sagen, dass meine damaligen Geografielehrer es offenbar nicht verstanden haben, mich auf die richtige Art und Weise anzusprechen. Sie mögen es vielleicht gar nicht als ihre Aufgabe betrachtet haben. Letztlich ist das im Rückblick auch völlig unerheblich. *Was hingegen zählt, ist der Umstand, dass Leistung nur dann abgerufen werden kann, wenn die Ansprache stimmt.* Das ist für mich die Lehre daraus und gilt bis heute. Ganz sicher nicht nur in meinem Fall, sondern besonders auch im Expeditions- und Unternehmensalltag! Engagierte Menschen wollen sich voll und ganz der Aufgabe widmen und sich nicht mit widrigen Rahmenbedingungen herumschlagen. Deshalb muss ein Teamleiter auch ein vorrangiges Interesse daran haben, dass die Rahmenbedingungen stimmen – im eigenen Interesse und dem aller Beteiligten! Ansonsten verdorrt die anfängliche Motivation, bis sie völlig erlischt.

♦ **Motive, Sorgen und Erwartungen des Teams immer wieder neu herauszufinden und gemeinsam zu erarbeiten, ist wichtig, weil es die aktuelle Verfassung des Teams dokumentiert und interessante, bisher vielleicht nicht wahrgenommene Aspekte aufzeigt. So eine Standortbestimmung führt zu notwendigen Veränderungen.**

♦ **Diese Erkenntnisse mit in zukünftige Aufgaben einzubeziehen, steigert das Wohlbefinden des Einzelnen und letztlich auch die Chance auf den Erfolg eines Projekts.**

Erfolg ist eine Reise – kein Ziel!

*»Wir müssen das, was wir denken, auch sagen.
Wir müssen das, was wir sagen, auch tun.
Und wir müssen das, was wir tun, dann auch sein.«
(Alfred Herrhausen)*

Erfolg ist eine Reise – kein Ziel!

Während der Antarktisdurchquerung habe ich oft über den Sinn meines Tuns nachgedacht. Ich hatte ja Zeit genug – 92 Tage im Ganzen – und die meisten der Tagesabläufe zeichneten sich eher durch Routine aus denn durch eine Aneinanderreihung von spannenden Momenten. Das eisige Hochplateau, das sich am Horizont zu verlieren schien, die ständige Helligkeit, die Kälte, die Einsamkeit und das monotone Schlittenziehen schufen die Voraussetzung, um über sich selbst und sein Handeln zu sinnieren. Es war ein schwieriges und ehrgeiziges Projekt, aber auf anderen Expeditionen hatte ich das Gefühl, eingespannter zu sein. Die Tage waren unterschiedlicher, das Gelände schwieriger und häufig die Gefahr gegenwärtiger. Ich war abgelenkter als während dieses Laufs durch die Antarktis, in dessen Verlauf sich die Tagesetappen auf der Landkarte wie die Perlen auf der Schnur aneinander reihten. Tagsüber lief jeder für sich, seinem Rhythmus folgend, meist in Gedanken versunken. Wie zwei einzelne Boote »segelten« wir durch die weiße Wüste, zwar dem gleichen Kurs folgend, aber doch jeder in seinem eigenen Kielwasser. Zeitweilig verloren wir uns gänzlich außer Sicht, was rückblickend auf die Sturheit von uns beiden zurückzuführen war. Keiner war bereit, von seinem Rhythmus abzurücken, so kam es zwangsläufig dazu, dass wir auseinander drifteten. Der harte Boden hinterlässt bisweilen kaum eine Spur oder einen Abdruck, gelegentlich verloren wir uns in unsichtigem Wetter vollends aus den Augen. Reinhold Messner hatte das Zelt auf seinem Schlitten, ich hatte keines. Hätten wir uns verloren, hätte ich auf Dauer wohl schlechte Karten gehabt.

Trotz Gefahren, Nässe, Kälte und Entbehrungen überwiegen positive Erfahrungen.

Doch sorgte mich das nicht, da ich mich vollkommen sicher fühlte und mir diese Landschaft in all den Jahren, die ich im Eis verbracht hatte, vertraut schien und ich einfach ein hohes Maß an Anpassung erlangt hatte. Rückblickend betrachtet war dieses Verhalten fast übermütig. In solchen Phasen hat man Zeit zum Reflektieren. »Willst du so weitermachen wie bisher? Gibt es andere Aufgaben, Lebensinhalte, die dir vielleicht wichtiger sind? Willst du Familie, Kinder, einen geregelten Tagesablauf? Was machst du, wenn du alt bist? Wäre es nicht sinnvoll, deine im Laufe der Jahre entwickelten Fähigkeiten in den Dienst einer Sache zu stellen – etwa bei Hilfsorganisationen im humanitären Bereich tätig zu werden? Ist dies wirklich eine sinnvoll genutzte Zeit oder befindest du dich auf einem Irrweg?« Ich stellte nicht die aktuelle Expedition in Frage, sehr wohl aber, ob ich diesen Weg in dieser Form weitergehen wollte. Diese Reise durch die Antarktis hat mich meinem Lebensweg näher gebracht. Am Ende wusste ich, dass ich mich nicht auf dem Holzweg befand, sondern genau das tat, was ich wollte und was mir deshalb auch gut tat – trotz der Entbehrungen und Strapazen. Ich hatte meine innersten Gedanken und Bedenken vor mir selbst ausgesprochen und eine Antwort gefunden. Ich wollte weitermachen, weil ich mich zu hundert Prozent mit meinem Handeln identifizieren konnte.

Diese Überzeugung ist für mich immer der Ursprung aller Energien gewesen.
Aber dieses sich selbst infrage zu stellen, das Querdenken und die Bereitschaft, etwas zu verändern, ist unabdingbare Voraussetzung, um für sich und sein Betätigungsfeld neue Perspektiven zu gewinnen. Es dient der jeweils aktuellen Standortbestimmung. Nur so lässt sich eine permanente Pionier- und Aufbruchstimmung aufrechterhalten. Wenn ich die Klagen hierzulande höre, habe ich oftmals den Eindruck, dass wir über viele Jahre hinweg viel zu satt gewesen sind. Es gibt keine Pioniere mehr – oder zu wenige!
Unser Anspruchsdenken ist beispiellos. Shareholder-Value hat Vorrang vor allen anderen Über-

legungen. Ethische und moralische Werte bleiben dabei auf der Strecke, es geht um Mehrwert, ums Geschäft, um nichts anderes.
Auch im privaten Bereich scheinen stets die eigenen Interessen Vorrang zu genießen. Es geht nicht um das Entweder – Oder. Es geht vielmehr um Perspektiven, um die Bereitschaft, Verantwortung zu übernehmen, sich gegenseitig zu motivieren. Es geht nicht ums Verwalten, sondern um Kreativität. Es sollen nicht Werte zertrümmert, sondern neue, zusätzliche geschaffen werden. Beweglichkeit ist gefordert, Mut und Initiative. Es geht um die Überwindung innerer Widerstände auf dem Weg zu Erfolgen. Das gilt sowohl für den Expeditionsbereich wie für Unternehmen als auch im weitesten Sinne für unsere Gesellschaft. Eine schlechte Wahlbeteiligung zeugt nicht nur von Verdrossenheit und Politikmüdigkeit der Wähler, es zeugt vielmehr von mangelndem Verantwortungsbewusstsein. Wahlrecht ist auch eine Wahlpflicht. Sich ihr zu entziehen, bedeutet zugleich, sich der Eigenverantwortung zu entziehen.

Es gibt kein Patentrezept, um sich oder seine Mitarbeiter zu motivieren. Den Stein der Weisen hat noch keiner gefunden. *Wenn ich* auf meinen Expeditionen, die ich in den letzten 25 Jahren durchgeführt habe, *Gefahren- und Krisensituationen habe meistern können, dann nur deshalb, weil ich gut vorbereitet und überzeugt von meinem Handeln war.* Das Messen der eigenen Fähigkeiten mit der Natur ist keineswegs ein Mangel an Erwachsensein. Es ist eine Kreativitätsschmiede, weil man immer wieder gezwungen wird, mit unvorhergesehenen Situationen umgehen zu müssen. Es ist die Summe aller Erfahrungen, die den Weg weist. Das ist die eigentlich Schule für das Leben und den Beruf. Das Leben in der Natur ist nicht lebensfremd und zivilisationsfeindlich. Das süffisante Lächeln derjenigen, die sich zum Richter aufschwingen und diejenigen verurteilen, die sich nicht streng in den hierarchischen Systemen bewegen, offenbart nur einen Mangel an Vorstellungskraft und – was schlimmer ist – ein wenig die Bereitschaft zur Heuchelei.

Erfolg ist eine Reise – kein Ziel!

Wir alle müssen uns der Verantwortung stellen und uns der angeborenen Kreativität bedienen. Sich abgrenzen, Andersdenkende ausgrenzen oder in verkrusteten Strukturen und Passivität zu verharren, führt unweigerlich in die Sackgasse. Man ist immer ein politischer, ein handelnder Mensch. Wenn ich nichts tue, nutzen andere meine Passivität. Gehe ich nicht zur Wahl, spiele ich anderen die Trümpfe in die Hände.

Grenzen sprengen impliziert leicht etwas Gewalttätiges. Das ist natürlich nicht das, was ich mit diesem Titel meine. Ich verstehe den Begriff in dem Sinne wie ein »Fenster aufstoßen«. Grenzen sind nicht immer sinnvoll und sie sind auch nicht immer unüberwindbar. Wir müssen sie nur überwinden wollen

Neue Ziele, neue Herausforderungen warten auf mich. Das Leben bleibt spannend.

und uns trauen. Und wir müssen eine Vision haben, wie es dahinter weitergeht.

Eben diese Frage, wie es dahinter weitergeht, ist für mich das sprichwörtliche Salz in der Suppe oder das Tüpfelchen auf dem i: Ich will es ganz einfach wissen!

- ◆ Motivieren kann nur, wer selbst motiviert ist.

- ◆ Jeder muss sich aber darüber im Klaren sein, dass es dafür kein Patentrezept gibt.

- ◆ Sich hundertprozentig mit seinem Handeln identifizieren zu können, ist der wichtigste Antrieb und somit ein wesentlicher Faktor für den Erfolg aller Unternehmungen.